楽しい調べ学習シリーズ

よくわかる少年法

罪を犯したらどうなるの？

［監修］後藤弘子

PHP

はじめに

　みなさんは、「こんな家に生まれてこなければよかった」「親のこと、きらい！」「なぜ学校に行かなきゃならないの？」と思ったことはありませんか。

　子どもは生まれる場所や時代を選べませんし、親を選ぶこともできません。子どもとして生きていくことは、おとなたちが決めたいろいろなルールのなかで生きることを意味しています。自分たちが決めたルールではないのに、「それを守れ！」とおとなに強制されます。

　そして、子どもでも、ルールを破り、まわりの人の権利を侵害する「犯罪」を行えば、その責任をとらなければいけません。

　しかし、その責任のとり方は、おとなとはちがいます。いろいろな教育や支援を受けて、犯した罪を反省し、犯罪者にならないように成長していく努力をすることで、子どもは責任をとるのです。

　また、子どもには、成長して発達する権利（成長発達権）が基本的な人権として認められています。このことを少年法では、「少年の健全育成」という言葉で表しています。おとなには、教育や支援を子どもに対して行う義務がある、としているのです。

　少年法について調べてみると、わたしたちの社会のなかで、子どもとおとながどのような関係になっているのかを知ることができます。つまり、子どもにどのような権利があるのか、おとなたちが子どものことをどう思っているのかが見えてくるのです。

　さあ、みなさんに、とっても関係の深い少年法をいっしょに学んでいきましょう！

千葉大学大学院専門法務研究科教授

後藤 弘子

もくじ

はじめに 2
この本の使い方 4

第1章 少年法って何だろう？

法律って何だろう？ 6
少年法ってどんな法律？ 8
子どもって何歳まで？ 10
　　コラム：選挙権は何歳から？ 11
子どもの権利を守る 12
犯罪と刑罰 14
非行少年って、どんな子ども？ 16
犯罪をしてないのに非行少年？ 18
非行の原因は何だろう？ 20
いじめは犯罪？ 22
　　コラム：少年犯罪は減っている 24

第2章 少年法の役割

非行少年はどうあつかわれるの？ 26
家庭裁判所の役割 28
調査官ってどんな人？ 30
少年審判って何？ 32
少年鑑別所の役割 34
いろいろな保護処分 36
少年院はどんな施設？ 38
おとなと同じ裁判をするの？ 40
　　コラム：裁判員裁判と死刑 41
少年刑務所はどんなところ？ 42
少年法の改正 44
被害者を支援するために 46
情報公開と少年犯罪 48
少年法だけで十分なの？ 50
　　コラム：18歳からもうおとな？ 52

少年法 全文 53
さくいん 62

この本の使い方

少年法って、いったい何でしょう？ 聞き慣れない言葉ですね。でも、この本には、みなさんにも関係のあることが、たくさんのっています。本書は「少年法」という法律について、わかりやすく解説しました。

第1章
少年法って何だろう？

少年法は、罪を犯した少年を教育するためにつくられた特別な法律です。1章では、少年法の理念について学びます。

第2章
少年法の役割

少年法は、おとなの法律とどのようにちがうのでしょうか。また、少年法にかかわる人の役割は何でしょうか。具体的に見てみましょう。

少年法 全文

少年法の全文をしょうかいしています。むずかしい言葉で書かれている文章もありますが、じっくりと読んでみましょう。

こうやって調べよう

◆ **もくじを使おう**

知りたいことや興味があることを、もくじからさがしてみましょう。

◆ **さくいんを使おう**

知りたいことや調べたいことがあるときに、さくいんを見れば、それが何ページにのっているのかがわかります。

＊「日本」の読み方……「にほん」と「にっぽん」の両方の読み方がありますが、本書では「にほん」としています。

第1章
少年法って何だろう？

法律って何だろう？

わたしたち国民の代表（国会議員）が国会で決めたルール（きまり）を「法律」といいます。法律には国も裁判所もしたがわなければなりません。

刑法
犯罪と刑罰に関する法律。

刑事訴訟法
刑事裁判の手続きを定めた法律。

少年法
罪を犯した子どものための法律。

法律にもとづき、裁判官が判断してあらそいごとを解決することを裁判といいます。

憲

憲法を大きな木にたとえてみましょう。わたしたち国民が木（憲法）を育てます。木（憲法）は、国民が生きていくために必要な権利を守ります。

第1章　少年法って何だろう？

　日本の法律のおおもととなっているのは、日本国憲法（憲法ともいいます）です。この憲法を尊重し、そのわくのなかで刑法や少年法といった、いろいろな法律が定められています（立憲主義といいます）。

　たとえば、刑法は「何が犯罪であるかを決め、それに対する刑罰を定めた法律」です。犯罪が行われれば、刑事裁判の手続きを定めた刑事訴訟法にもとづいて、刑事裁判が行われます。少年法は、子どもが犯罪を行った場合にどのようにあつかうかを定めた法律で、刑事訴訟法の"子ども版"という位置づけにあります。

　日本の法律には、そのほかに、わたしたちが生活するうえでの個人と個人の約束ごとを決めた法律（民法）や、国の組織をつくりその組織をどう動かすかを決める法律（行政法）などがあります。

行政法　国の活動のルールを定めた法律。

民法　生活するうえでの約束ごとを定めた法律。

法

法律は国民が決めたルール。

だからそのルールを守らなければいけないんだ。

憲法の範囲のなかで、刑法や少年法、民法、行政法などの法律が定められています。

少年法ってどんな法律？

少年法は、罪を犯した子どもを更生させるために、国が行う教育の方法を定めた法律です。いうなれば「特別な教育としての法律」です。

犯罪
中学生のAさんは、友だちをなぐり、けがをさせてしまいました。

審判
Aさんは警察につかまり、家庭裁判所で指導を受けました。家庭裁判所は家庭内でおこる事件と少年事件を専門的にあつかう裁判所です。そこで審判（裁判）を行います。

少年法にたずさわる人びと
罪を犯したAさんに、どのような教育が必要かを、みんなで考えます。

第1章　少年法って何だろう？

　もし、自分勝手な理由で、他人に暴力をふるうことが許されるとしたら、世のなかはたちまち、強い者が弱い者を力で支配する社会になってしまうでしょう。

　そこでおとなたちは、絶対にやってはいけないことを「犯罪」とし、そのルールを破った者に「刑罰」をあたえる法律をつくりました。

　もちろん、罪を犯すのはおとなばかりではありません。子どもだって罪を犯すことがあります。でも、子どもは成長発達の途上にあり、おとなにくらべて知識も経験も少なく未熟です。そんな子どもをおとなと同じようにあつかうわけにはいきません。

　そこでおとなたちは、2つの理念から「少年法」を定めたのです。子どもの親が親として果たすべきことを果たさない場合に、国家が親に代わって子どもに対してなすべきことを行おうという「福祉的な理念」と、成長して変わっていく可能性がある少年には、罰をあたえるよりも教育をすることによって更生してもらおうという「教育的な理念」です。

更生
「更生」とは、いろいろな人の支援を得ながら、生き方を考え直すことです。Aさんはいろいろな人の支援を得ながら、友だちをなぐった理由を見つめ直し、生き方を考え直します。

社会へ
Aさんは高校・大学へ進学し、その後、会社に就職しました。

子どもって何歳まで？

中学生や高校生は子どもでしょうか。それともおとなでしょうか。

14歳 刑法では刑事責任が問われます。

16歳 民法では、女性は親に許してもらえれば結婚できます。

　少年法は、子どものために特別に定められた法律です。では、子どもとは何歳から何歳までなのでしょうか。

　日本では満18歳、または満20歳が子どもとおとなを分ける主な基準になっていますが、じつは、法律によってちがいがあります。

　たとえば、少年法では満20歳未満※の者を「少年」とよびます。刑法では「14歳になると刑事責任が問える」としています。刑事責任というのは、罪を犯した者が刑罰というかたちで負うべき責任のことです。ただし、少年法は、少年に対して教育を優先すると規定していますので、刑罰により責任を負うのは特別な場合に限られます。

　また、民法では、20歳未満の者が「未成年者」とされています。そのほか、児童福祉法という法律では満18歳未満を「児童」とよんでいます。

※満20歳未満という場合、20歳はふくまれません。19歳までの者をさします。

第1章　少年法って何だろう？

満18歳
普通自動車や大型バイクの免許が取れます。

19歳
少年法では「少年」（女性も少年とよぶ）。民法では「未成年者」とよびます。

満20歳
少年法では「成人」とよびます。

column 「選挙権は何歳から？」

日本では、一定の年齢に達したすべての国民に選挙権が認められています。2015年に、改正公職選挙法という法律で、選挙権年齢が「年齢満20年以上」から「年齢満18年以上」に引き下げられました。公職選挙法とは、衆議院議員や参議院議員、地方自治体の議会の議員や長を選ぶための選挙について定める法律です。これまで20歳以上の人しか投票できませんでしたが、18歳から投票できるようになりました。

子どもの権利を守る

子どもには、健全に成長し発達する基本的人権が認められています。

　思想・表現の自由などの自由権、生存権などの社会権、政治に参加できる権利の参政権などが「基本的人権」とされています。それに加えて子どもには「健やかに成長し、発達する基本的人権」が認められています。

　1989年11月の国連総会で、子どもの基本的人権を定めた「子どもの権利条約（児童の権利に関する条約）」が採択され、日本も1994年、この条約を認めて実行しますと約束しました。

　その「子どもの権利条約」では、18歳になっていない人を子どもとし、子どもに認められる権利として、4つの権利を定めています。「生きる権利」「守られる権利」「育つ権利」「参加する権利」です。

　これらの権利は、犯罪を行った少年（非行少年）にも当然、認められます。非行少年がおとなになったときに、犯罪者にならないように、成長発達を支援する責任が国や親にあることを、世界のほとんどの国が認め、約束をしているのです。

4つの権利

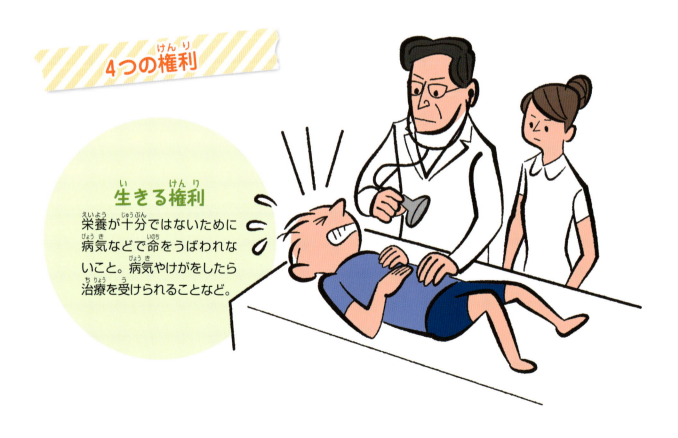

生きる権利
栄養が十分ではないために病気などで命をうばわれないこと。病気やけがをしたら治療を受けられることなど。

●●● 第1章 少年法って何だろう？

守られる権利
人として尊重されず、なぐられるなどのひどいあつかい（虐待）や、おとなにだまされて利用されることから守られるなど。

育つ権利
教育を受け、休んだり遊んだりできること。考えや信じることの自由が守られ、自分らしく育つことができることなど。

参加する権利
自由に意見をあらわしたり、集まってグループをつくったり、自由な活動を行ったりできることなど。

犯罪と刑罰

犯罪とはどのようなものでしょうか。なぜ、刑罰がつくられたのでしょう。

犯罪の種類

社会に対する罪
放火罪（建物などにわざと火をつけること）など。

他人の自由をうばう犯罪
誘拐罪（だまして連れ出すこと）、監禁罪（ある場所に閉じこめること）、強姦罪（女性の性的自由をうばうこと）など。

生命や体に対する犯罪
殺人罪、傷害罪（けがを負わせること）など。

第1章　少年法って何だろう？

日本では、人の命をうばったり（殺人）、体を傷つけたり（傷害）、他人の物を勝手に自分のものにする（窃盗）などの行為は「犯罪」として罰すると、刑法で決められています。秩序を守り、再犯を防止することで、みんなが安心して、安全に生きていける社会を築くためです。

では、どのように罰するのでしょうか。犯罪を行った人に対する罰（刑罰といいます）をどのようなものにするかは、法律で決められています。それを「罪刑法定主義」といいます。刑法は私たちによって選ばれた議員が集う国会で決めたルールなので、守らなければなりません。

今の日本には、刑罰の種類としては、死刑により生命をうばう「生命刑」、自由をうばう「自由刑」、財産をうばう「財産刑」があります。これらの刑罰には、行った犯罪の責任として害悪をあたえる役割や、将来の犯罪を防止する役割があります。

刑罰の種類

生命刑（死刑）
罪を犯した人の命をうばう非常に重い刑罰です。死刑を18歳未満の少年に科すことは許されていません。

自由刑
刑務所などに入れて自由をうばい、罪をつぐなうための作業をさせます。自由刑には懲役や禁錮などの刑罰があります。

非行少年って、どんな子ども？

少年法では、どのような少年を非行少年としているのでしょうか。

子どもが犯罪を行った場合、少年法では「その子が解決できない問題をかかえていて、その問題が犯罪として表現された」と考えます。親や学校には、子どもが犯罪者にならないように教育する義務があります。しかし、その教育では、犯罪を防げなかったという考え方です。

少年法では、20歳未満の少年のなかで、次のどれかに当てはまる少年を「非行少年」として

非行少年の例　その1

「この金はいただくぜ。」

中学の同級生だった少年3人が、男性を鉄パイプでなぐり、けがをさせました。さらに現金をうばい、その場から逃げました。後日、少年たちは強盗傷害の罪でつかまりました。

あとでわかったことですが、3人の少年は、小学生のときにいじめられていました。

第1章 少年法って何だろう？

います。
① 14歳以上で犯罪を行った少年(犯罪少年)
② 14歳未満で、刑事責任は問えないので、犯罪を行ったと評価することはできない少年(触法少年)
③ 犯罪は行っていないけれども、このまま何もしなければ、将来、非行や犯罪を行うおそれのある少年(虞犯少年)

そして、これらの少年がどのような非行を行ったか、どのような問題をかかえているのかを明らかにして、どのような教育を行えばいいのかを家庭裁判所が考えるしくみを取り入れています。

なお、警察では飲酒や喫煙(たばこを吸うこと)、けんかなど、自分やほかの人の徳性※を害する行為をした少年を「不良行為少年」として、補導※の対象とし、問題の早期発見につとめています(少年警察活動規則第二条六号)。

非行少年の例 その2

中学生のBさんは、父親の暴力にたえられなくなり、家出をしました。

Bさんは行く場所がないために、夜の繁華街をうろつきました。そして、彼女をだまして利用しようとするおとなたちとつきあうようになりました。

いたい！
あそぼうよ！
お金をあげるよ。

※徳性：人としての正しい道徳心や品性。
※補導：子どもたちが二度と犯罪を行わないように、警察などが子どもに注意をしたり、親や学校などに連絡をしたりすること。

犯罪をしてないのに非行少年？

まだ犯罪を行っていなくても、早い段階で教育や支援を行います。
少年が将来、犯罪者になることを防ぐためです。

罪を犯した非行少年に対して審判を行い、教育や支援をするのは当然のことです。たとえ子どもでも、犯罪を行った以上は責任をとる必要があります。

では、責任をとることができない触法少年の場合はどうでしょうか。14歳未満の子どもは

触法少年の例

Cさん(13歳)はお母さんと二人でくらしていました。家はとても貧しく、自転車も買ってもらえませんでした。

ある日、Cさんは公園に置いてあっただれかの自転車を、勝手に自分のものにしました。

第1章 少年法って何だろう？

善悪の判断が不十分です。そのため、14歳未満の子どもが犯罪に当たる行い（行為）をしても、犯罪として取りあつかわれません。

しかし、国は、そんな子どもに対して自分の行ったことの意味を理解させ、二度とそのような行為をしないように教育する責任があるのです。

さらに、まだ犯罪を行っていない虞犯少年に対しても、非行少年として審判を行います。たとえば、家出をくり返している女の子が、繁華街で知り合ったおとなから性的な被害を受けることがあります。これは、子どもが健やかに成長し発達する権利（成長発達権といいます）を侵す行為に当たります。

そのため国は、子どもが犯罪に巻きこまれたり、罪を犯したりする前に、支援の手を差しのべる必要がある、としているのです。

警察はCさんをあやしいと思い、補導しました。Cさんが将来、犯罪者になることを防ぐためです。

非行の原因は何だろう？

子どもの非行には、いろいろな理由があります。

非行少年のなかには、家庭の貧困が原因だったり、親が子に暴力をふるう虐待などの問題があったりする子どもがいます。

親の暴力から逃れるために家出をして街をさまようことで、子どもの権利条約でいう「育つ権利」や「守られる権利」がうばわれてしまい、

非行の原因になる例

Dさん（16歳）の親はあそんでばかりいて働きませんでした。Dさんは貧しい家庭に育ちました。

Eさん（15歳）とFさん（16歳）は、学校の成績がとても悪く、親や先生にしかられてばかりいました。

第1章 少年法って何だろう？

それが非行につながることもあります。

また、勉強が苦手だったり、いじめられたりして、学校に適応できない子どもも少なくありません。

子どもは親や育つ環境を選ぶことはできません。親が子どもの成長発達権を保障できなければ、国が親に代わり、教育や支援を行う必要があります。強制的な教育を受けることで、子どもは犯罪の責任をとらなければいけません。

しかし、子どもたちをそこまで追いこんだ責任は親や社会にあります。子どもの犯罪は、自分たちが困っていることをおとなに気づいてほしいと思って出しているサインです。

少年法は、そんな子どもたちを助けるために存在しているのです。

非行（犯罪）の例

DさんやEさんら4人がショッピングセンターで万引きをしました。万引きとは、店などで客のふりをし、商品をぬすむことです。見張り役の者と商品を万引きする者に分かれて、高級化粧品をぬすみました。「なかまに一目置かれたいから」「ドキドキして楽しいから」などがその理由でした。

いじめは犯罪？

いじめは他人の権利を侵害する行為です。

「いじめ」とは、同級生や上級生などから心理的・身体的なこうげきを受けたことにより、精神的な苦痛を感じていることをいいます。ここで重要な点は、いじめられた人が「いやだよ」「つらいよ」と感じていれば、それはいじめになるということです。

いじめには、「悪口を言う」「いやなあだ名をつける」といった言葉によるものから、「持ち物をかくす、よごす、捨てる、こわす」「無視する、なかまはずれにする」「インターネットを使っ

いじめの例

「顔のブツブツキモいんだよ！」

Gさん / Hさん

中学生のGさんは、Hさんたちのグループ4人にいじめられました。「顔のブツブツがきたない」といわれたり、トイレに閉じこめられ、「お金をわたさないと殺すぞ」とおどされたりました。Hさんたちの行為は犯罪です。
Hさんたちは非行少年として家庭裁判所の審判の対象となります。

「よこせ！」

あとからわかったことですが、Hさんは小学6年生のときに、クラスの全員からいじめられていました。

Hさん

●●● 第1章　少年法って何だろう？

て悪口を流す」といったいじめ、さらには「なぐる、ける」「『殺すぞ』とおどす」「金品を強要する」まで、多くの種類があります。

いじめは、相手を対等な人間として尊重していないだけではなく、相手の育つ権利をはじめ、さまざまな権利をうばう行為です。だからこそ、苦痛を感じ、自殺してしまういじめられた子どもがあとを絶ちません。いじめる側の人たちは、「おもしろい」と思ってからかっているだけなのかもしれません。けれども、いじめは犯罪としてあつかわれます。いじめた人は非行少年として児童相談所や家庭裁判所に送られ、強制的な教育や支援を受ける必要がある場合も少なくありません。

もっとも大切なことは、いじめを防止することです。そのため、国は2013年に「いじめ防止対策推進法」をつくりました。各学校に専門の先生や心理・福祉の専門家による組織を備え、家庭はもちろん、警察や児童相談所などとおたがいに連絡をとりながら協力して、いじめを早めに見つけ出すことに力を入れています。

いじめ防止対策推進法のおもなしくみ

学校
先生や専門家

警察
人の命や公共の安全を守るところ

家族

児童相談所
児童福祉の専門機関

いじめられた少年

column
「少年犯罪は減っている」

「少年犯罪が増加している、凶悪化している」といわれることがありますが、実際はどうなのでしょうか。じつは、非行少年の検挙人数は減少しています。検挙とは警察や検察などが犯人だと強く疑われる人をつかまえることです。この減少には少子化の影響もありますが、それをのぞいても、減少傾向ははっきりしています。

では、少年犯罪は凶悪化しているのでしょうか。警察では、殺人・強盗・強姦・放火の4つの罪を「凶悪犯」として取りあつかっていますが、少年の検挙人数は下のグラフのように減少する傾向にあります。これを見てもとくに凶悪化しているとはいえないでしょう。

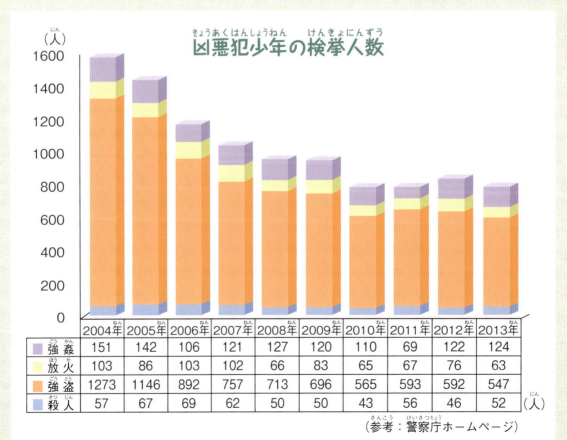

凶悪犯少年の検挙人数

	2004年	2005年	2006年	2007年	2008年	2009年	2010年	2011年	2012年	2013年
強姦	151	142	106	121	127	120	110	69	122	124
放火	103	86	103	102	66	83	65	67	76	63
強盗	1273	1146	892	757	713	696	565	593	592	547
殺人	57	67	69	62	50	50	43	56	46	52

(参考:警察庁ホームページ)

第2章
少年法の役割

非行少年はどうあつかわれるの？

警察などが発見した14歳以上の非行少年のすべてが、「家庭裁判所」に送られます。

おとなの場合には、検察官が必要と考えた事件だけが地方裁判所や簡易裁判所であつかわれます。これに対して、警察などによって発見された14歳以上の少年のすべてが家庭裁判所（非行少年専門の裁判所）に送られます。これを「全件送致主義」といいます。

少年法では、「非行を行ったということは、他人の権利を侵害してはいけないことや、社会

非行少年が社会・学校・家庭に戻るまで

第2章 少年法の役割

のルールを守らなければならないことを、親（保護者）が子どもにじゅうぶんに教えてこなかったことを示すサインである」と考えています。そのため、国は非行をきっかけとして親に代わり教育を行う必要があり、そのために、家庭裁判所では、非行少年が何を行ったのか、何が不足しており、何が必要かを判断することにしているのです。

次のページからくわしく見ていきましょう。

家庭裁判所で審判がはじまると、裁判官は、少年が将来ふたたび非行にはしることのないように教育の方法を考えます。具体的には、①保護観察、②少年院へ送致、③児童自立支援施設などへ送致、などの「保護処分」にするか、保護処分の必要がないと認められた場合には「不処分」の決定をくだします。また、少年に刑罰を科すことが適当であると判断したときは、事件を検察官に送り、地方裁判所などで刑事裁判を受けさせる場合もあります（33ページ）。

家庭裁判所の役割

非行少年の事件は家庭裁判所に送られます。

少年審判にかかわる人たち

家庭裁判所裁判官（裁判官）

裁判官は、少年、保護者、付添人の言い分を聴いたり、家庭裁判所調査官の調査結果や意見を聴いたりします。非行の事実があったかどうかだけではなく、背後にある非行の原因や事情をよく調べます。

家庭裁判所調査官（調査官）

調査官は、家庭内のあらそいを解決したり、非行少年を立ち直らせるために調査を行います。

　非行少年が本当に非行を行ったのかを調べ、もし行ったとしたら、その少年にどのような教育をするべきなのか。それを決めるのが、家庭裁判所の役割です。
　家庭裁判所の裁判官には、罪を犯した少年を罰するために刑を言い渡すのではなく、少年の「親」の代わりとして審判を行い、保護処分を言い渡す役割が求められています。
　家庭裁判所では、子どもや親のプライバシーを守るために、家庭裁判所での審判が一般に公

第2章 少年法の役割

審判は非公開

家庭裁判所

関係のない人が審判のようすを見たり聞いたりすることはできません。子どもや親のプライバシーを守るためです。

裁判所書記官（書記官）

書記官は、事件に関する記録を作成します。また、審判の進行についての管理業務も行っています。

付添人

付添人には弁護士がなることが多いのですが、家庭裁判所が認めれば、弁護士以外の者（たとえば親など）がなることもできます。付添人は、少年の言い分を聴いて少年の意見を代弁します。

開されることはありません（非公開）。一方で、家庭裁判所は非行を行った原因やいきさつなどについてくわしい情報を集めるために、少年を収容し、少年についていろいろ調べるための施設（少年鑑別所）に入れることもあります。これを「観護措置」といいます。

また、家庭裁判所の少年審判では、「付添人」をつけられることになっています。付添人は、おとなの刑事裁判における弁護人の役目をはたします。

29

調査官ってどんな人？

家庭裁判所調査官は、少年を立ち直らせるためにどうすればいいかを調査します。

非行少年が家庭裁判所に送られると、裁判官は、家庭裁判所調査官に事件と非行少年についての調査を命じます。

調査官は裁判官の命令を受け、非行少年やその保護者に会って事情を聴き取り、少年が非行にはしった原因や育ってきた環境、経緯、性格

調査官の役割

本人に話を聴く
調査官は非行を行った少年から話を聴き、少年のかかえている問題を調べます。

少年　調査官

第2章 少年法の役割

や生活環境などを調査します。そのうえで、少年が立ち直るためにどのような手をつくせばいいかを検討して裁判官に報告します。

裁判官は調査官の報告に基づいて、審判を開始するかどうかを決定します。それまでの手続きの過程で、調査官の働きかけがあったために、少年が十分に反省し、もはや審判によびだす必要がないと判断された場合は、審判手続きを開始せず、その時点で終了します。これを「審判不開始」といいます。一方、少年に明らかな非行が認められ、裁判官が直接審理することが必要であると認められる場合は、審判手続きを開始します。

生活環境を調べる

調査官は、少年が学校や家庭でどのようにすごしていたのか、友達関係はどうかなどについて調査を進めます。ほかにも少年に心理テストを受けさせたり、調査の一環として、屋外での清掃活動や介護施設でのボランティア活動に取り組ませて、少年の性質を調査したりします。

少年をよく知る先生　調査官

少年審判って何？

家庭裁判所の少年審判で裁判官はどのようなことをするのでしょうか。

非行少年が将来ふたたび非行や犯罪を行うことのないようにすることが、少年審判の最大の目標です。

そのためにはまず、非行事実があったのかどうかを確認することが重要です。いくら少年に問題があるからといって、非行事実がなければ

審判のようす

書記官　裁判官　調査官

付添人（弁護士など）　少年の父親　非行少年　少年の母親

第2章 少年法の役割

保護処分を言い渡すことはできません。
　非行事実がある場合には、非行の重大性や自分の問題点などを少年に理解させ、反省を深めさせる必要があります。家庭裁判所の裁判官は、審判をとおして、犯罪を行った少年を罰するための刑罰をあたえるのではなく、「親」として向き合うことが求められています。そのために、裁判官は法服（法廷で着る裁判官であることを示すガウン）を着ませんし、少年の目線で話ができるように裁判官のいる場所が高くなったりもしていません。
　少年はその年齢や性格によって理解する力がさまざまですが、裁判官はわかりやすく教え、さとしたり、きびしくしかったりして、それぞれの少年に応じた対応をしています。
　そして、審判がはじまると、裁判官は、調査官の調査結果や少年鑑別所での鑑別結果なども考慮して、下のような決定を行います。

① 不処分
非行の事実がない場合や、少年に改善が見られ、保護処分の必要がないと認められた場合には「不処分」の決定をくだします。

② 保護処分（保護観察）
少年に社会生活をさせ、保護観察官や保護司などの支援を受けて更生させます。

③ 保護処分（少年院送致）
少年に集中的に教育を行うために、少年院へ送ります。

④ 保護処分（児童自立支援施設などへの送致）
家庭的な生活を送らせるために、児童自立支援施設などへ入所させます。

⑤ 検察官送致
少年に刑罰を科すことが適当であると判断したときは、事件を検察官に送って、地方裁判所などで刑事裁判を受けさせる場合もあります。これを検察官送致（または逆送）といいます。

少年鑑別所の役割

少年鑑別所では、少年のためにどうすれば一番いいかを調べるために
いろいろな検査などを行います。

少年鑑別所のようす

少年鑑別所では、家庭裁判所調査官が少年のことを調べるために少年から話を聴きます。また、心理の専門家（心理技官）が面接や心理検査を行ったり、法務教官が、日記や作文、絵画などの課題をあたえたり、少年鑑別所での生活のようすを観察したりします。それらの結果は、「鑑別結果通知書」というかたちで家庭裁判所に送られます。通知書は非行の再発を防ぐための家庭裁判所での決定に役立てられます。

少年鑑別所の心理技官　｜　面接やいろいろな検査を行います。　｜　罪を犯した少年

第2章 少年法の役割

非行少年の多くは、事件が家庭裁判所に送られても、家庭など社会のなかで家庭裁判所の判断を待ちます。しかし、少年に被害がおよぶ可能性があったり、もっと心理的な視点から非行の背景にある問題を調べなければならない場合に、家庭裁判所の裁判官は、少年を少年鑑別所に収容する判断をすることができます。これを「観護措置」とよびます。

少年鑑別所は、少年を収容して身体検査を行ったり、心理検査や行動観察を行うことで、少年の毎日の過ごし方や心身の状況を科学的に調べます。少年の収容期間は2週間ですが、鑑別をきちんと行うために、更新を1回(例外的には3回)できることとなっており、4週間弱の収容期間になることが多くなっています。

1日のおもな日課

7:00	起床
7:30	朝食
9:00	運動や読書など
12:00	昼食、休息
13:00	入浴、学習、読書、課題(はり絵、漢字の練習、絵画など)
17:00	夕食
18:00	日記を書く、審判についてのテレビを見る、その他
21:00	就床

いろいろな保護処分

保護処分は、家庭裁判所の裁判官が非行少年だけに言い渡すことのできる教育的な処分です。

保護処分には、大きく分けて、少年が社会で生活を続けながら立ち直りの努力を行うものと、施設に収容することで立ち直りをすすめるものがあります。具体的には、「保護観察」「少年院への送致」「児童自立支援施設などへの送致」の3種類があります。

保護観察

保護観察は、非行少年が今までどおりの社会生活を行いながら、「保護観察官」と民間ボランティアの「保護司」の指導・監督を受け、みずから更生のための努力をすることを期待して行われます。保護観察官と保護司はおたがいに協力して非行少年が更生するように支援を行います。実際の支援は少年と同じ地域にくらす保護司によって行われます。少年は月に2度以上、保護司と面接をするほか、住まいや就業先などをしょうかいされます。

第2章 少年法の役割

少年院送致

非行少年を社会にもどすと、非行をいっしょに行ったなかまたちとふたたび遊んでしまったりするので、社会から引きはなし、自分の行った非行について、じっくりと考えさせる必要があると判断された場合に、少年院への送致が言い渡されます。
少年院では、これまでの資料をもとに、その少年の更生のために必要な支援計画が立てられ、教育的な指導が行われます。

少年　　少年院の法務教官

児童自立支援施設

非行少年の年齢が低く、家庭的な雰囲気で教育や支援を行うほうが、少年の更生に役立つと判断された場合、非行少年は、児童自立支援施設などに送致されます。
児童自立支援施設は、親代わりとなる児童自立支援専門員らが、いっしょに生活をしながら、立ち直りのための支援を行います。児童自立支援施設には学校が併設されており、基本的には外に出ることはありません。

少年院はどんな施設？

少年院は、少年を収容して、矯正教育を行うための場です。

非行少年のなかで、立ち直るのに多くの時間や集中的な教育が必要と判断された少年は、少年院に送られます。これまでの自分の行為を反省し、将来、罪を犯さないために、社会の一員

少年院のようす

少年院では、生活指導、職業指導、教科指導、体育指導、特別活動指導などが行われます。日記を書いたり、被害者のことを考える時間を設けたり、将来の生活のために、いろいろな資格を取ったりして、更生や社会復帰を目指します。また、少年院を出てからの生活をどのようにすればよいのかについての計画を立て、保護観察所を中心としたいろいろな関係機関と連携して社会復帰のための支援に力を入れています。

少年院の建物

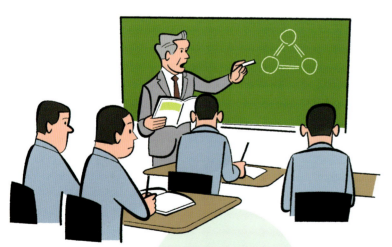

教科指導
進学や復学のために勉強します。

生活指導
自立した生活を営むための生活習慣を身につけます。

第2章 少年法の役割

として守るべきルールや生活習慣を身につけるためです。

少年院では、約1年間、1日24時間のすべてが教育のためについやされます。朝起きてから夜寝るまで、それぞれの少年に必要な教育を計画的に行います。

少年院は、少年の年齢や心身の状況により、いくつかのグループに分けられます。少年院には、おおむね12歳以上、23歳未満の者を収容します。だたし、医療上の必要性があったり、家庭裁判所の裁判官が「長期間収容することが必要」と判断した場合には、26歳に達するまでそこで生活することができます。

特別活動指導
社会貢献活動や野外活動などを行います。

職業指導
勤労意欲を高め、職業のための知識と技能を習得します。

体育指導
基礎体力を向上させます。

就労支援
就労先を見つけ、少年の社会復帰をサポートします。

おとなと同じ裁判をするの？

子どもでも、おとなと同じ裁判が行われ、刑罰が言い渡されることもあります。

非行少年のなかには、「おとなと同じ刑事裁判を受けて、刑罰を科したほうが少年の社会復帰により役立つ」と、裁判官に判断される少年たちがいます。たとえば、人を死亡させるというとても重大な結果をもたらした事件であったり、社会に大きな影響をあたえた事件をおこした少年です。彼ら（彼女ら）を少年院で教育すれば更生できるかもしれません。しかし、社会にあたえた影響や被害者との関係などを総合的に考えて、保護処分では十分ではないと判断される場合があります。

事件をおこしたときの少年の年齢が14歳以上、16歳未満の場合は、例外的に検察官に送致されます。また、事件のときに16歳以上だった少年が、被害者をわざと死亡させた事件では、原則として、検察官に送致することが決められています。このような事件は「原則逆送事件」とよばれています。

少年審判

家庭裁判所裁判官
少年法では、非行に対して保護処分を行うのが原則です。しかし、家庭裁判所裁判官が「保護処分では十分ではない」と判断した場合、検察官に「刑事裁判をしてください」と求めることができます。

検察官
検察官は、家庭裁判所から「刑事裁判をしてください」といわれたら、必ず地方裁判所に起訴※して、刑事裁判を行うように裁判所に求めなければなりません。

※起訴：検察官が裁判所にうったえをおこすこと。

第2章 少年法の役割

地方裁判所の裁判

　検察官が事件を起訴すると、裁判が行われます。少年に対する裁判は、おとなと同じように行われますが、裁判のときや、言い渡される刑罰について、特別な手続きが決められています。たとえば、裁判をしてみて、やはり少年を保護処分にするのがいいと考えた場合は、地方裁判所の裁判官は、その事件をもう一度検討しなおすように家庭裁判所に送り返せることになっています。

 column

「裁判員裁判と死刑」

　2009年5月から、一定の重大な事件は、民間人も裁判に参加する「裁判員裁判」の対象事件となりました。そのなかには少年犯罪の裁判もふくまれています。2010年11月、仙台地方裁判所において、宮城県石巻市で少年（19歳、犯行当時18歳）が交際していた少女の親族・知人3人を殺傷した事件の死刑判決が、裁判員6人と裁判官3人の多数決で決定しました。裁判員裁判ではじめて少年の死刑の言い渡しが行われたのです。

少年刑務所はどんなところ？

少年刑務所では、刑罰としての刑務作業も科せられます。

少年刑務所は、裁判で有罪となり、「保護処分よりも懲役や禁錮などの刑罰を科したほうが社会復帰により役立つ」と判断された少年たちを収容する施設です。

少年刑務所は少年院とちがい、少年に教育を行うためではなく、刑罰をあたえるために収容

少年刑務所のようす

建物
建物のまわりは高いへいに囲まれています。

部屋
少年受刑者が生活するところ。少年刑務所は、少年受刑者と成人受刑者※を分け、成人受刑者から犯罪の話を聞いたりして、犯罪者となることを防止します。

※成人受刑者：少年刑務所は本来20歳未満の少年受刑者を収容することになっています。しかし、26歳未満の成人受刑者も受け入れており、成人受刑者が大部分を占めているのが現状です。

第2章 少年法の役割

します。このため、その多くの時間が木工や印刷、洋裁などの刑務作業といわれる工場での作業にあてられます。作業が終わった夜や、土曜、日曜に外出することはできませんが、ある程度、自由に過ごすことができます。少年院では、夜も行わなければいけないこと（日課）が決まっているのとは対照的です。

少年刑務所でも教育が行われます。ただし、月に2回行われるほかは、必要に応じて行われるだけで、少年院における矯正教育とは異なります。

20歳未満の女性の受刑者は、女子刑務所（女性の成人受刑者と同じ施設）に収容されるため、女子少年刑務所はありません。

なお、14歳、15歳で刑務所に入る懲役刑を言い渡された少年は、16歳になるまでは少年院で教育を受け、その後、少年刑務所で教育を受けることになります。

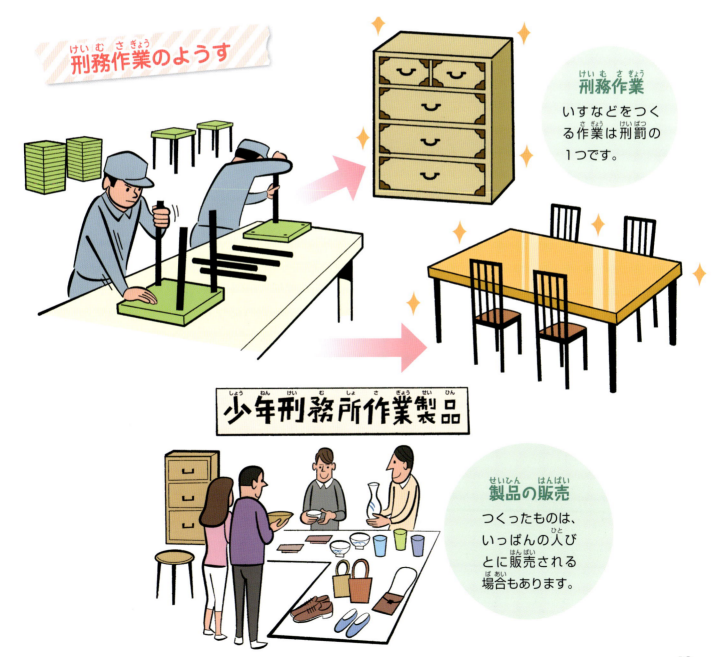

刑務作業のようす

刑務作業
いすなどをつくる作業は刑罰の1つです。

少年刑務所作業製品

製品の販売
つくったものは、いっぱんの人びとに販売される場合もあります。

少年法の改正

少年法が改正されるたびに、非行少年は
おとなと同じようにあつかわれるようになってきています。

　少年法は非行少年について、「成長発達権が十分に保障されてこなかった結果、非行を行うにいたった」と考えてきました。しかし、少年による重大事件がおき、人びとの注目が集まるたびに、少年のかかえている問題ではなく、結果の重大性が重視され、少年に対する責任がきびしく問われるようになってきた歴史があります。

少年法が改正されたきっかけ

　1997年におきた連続児童殺傷事件では、数か月にわたり、数人の小学生が殺傷されてしまいました。つかまった少年は、たくさんの取材記者やカメラマンが取りかこむなか、少年院に移送されました。

第2章　少年法の役割

　1997年におきた14歳の少年による連続児童殺傷事件をきっかけとして、2001年には、刑罰の対象年齢が16歳以上から14歳以上に引き下げられたのに加え、被害者を死亡させた16歳以上の少年は原則として検察官送致（逆送）されることになりました。

　また、2003年に12歳の少年による男児誘拐殺人事件がおき、2004年に11歳の少女による同級生殺害事件がおきると、2007年、少年院に送致できる年齢の下限が14歳から「おおむね12歳」に引き下げられました。さらに2014年には、罪を犯した18歳未満の少年に言い渡す有期刑（懲役、禁錮のこと）の上限が、15年から20年に引き上げられました。

　はたして、このように厳罰化すれば少年犯罪を防ぐことができるのでしょうか。おとなたちが少年の問題に気づけなかった責任も考えてみなければなりません。

現行の少年法（年齢と処分の内容）

年齢	少年法の適用	少年院へ送致	刑事責任	刑事裁判	処分の内容
0歳〜おおむね11歳	○	×	×	×	刑事責任年齢に達していないため、刑罰は科されず、少年院にも送られません。
おおむね12、13歳	○	○	×	×	刑事責任年齢に達していないため、刑罰は科されませんが、少年院に収容可能です。
14、15歳	○	○	○	○	刑事裁判は例外で原則として少年法により処分されます。ただし、少年刑務所には収容されません。
16、17歳	○	○	○	○	故意の死亡事件の場合は刑事裁判が原則。少年刑務所に収容可能です。
18、19歳	○	○	○	○	死刑の言い渡しが可能です。

被害者を支援するために

少年法では、犯罪に巻きこまれ、被害を受けた本人や家族などの「犯罪被害者（被害者）」を支援しています。

犯罪に巻きこまれたとき、被害者や被害者の家族は、とても大きな悲しみや苦しみと向き合うことになります。そして、いったいどんなことがおきたのか、なぜ被害にあわなければならなかったのかを、知りたいと思います。また、加害者※に対して、罪の償いをしてほしいと考えます。

しかし、家庭裁判所での審判はこれまで公開されず、被害者や被害者の家族であっても、得られる情報はとても限定されていました。そのため、何がどうなっているのか、まったくわからない状況が続いてきました。そのような少年法の不備が、加害者に対する大きな不満やいかりとなってあらわれることも少なくなかったのです。

そんな犯罪被害者を支援するために、少年審判手続きにおいて、2001年から次のような制度が導入されています。

1. 少年事件の記録の閲覧・コピー
被害者や遺族※は、場合によっては少年事件の記録の閲覧・コピーをすることができます。

※加害者：被害をあたえた人。

2. 被害者等の意見聴取制度
被害者や遺族が自分たちの気持ちや意見を、裁判官や家庭裁判所調査官に対して述べることができる制度です。

※遺族：家族のだれかが亡くなり、あとに残された家族。

●●● 第2章 少年法の役割

3. 被害者等による少年審判の傍聴

故意(わざと)の殺人や傷害などにより、被害者に重い結果が生じた事件で、被害者や遺族は、場合によっては少年審判に出席して、どのようなやり取りが行われているのかを見聞きすること(傍聴)ができます。

裁判官
非行少年
被害者や遺族など

4. 被害者等に対する審判状況の説明

被害者や遺族は、審判がどのように行われたのか、家庭裁判所から状況の説明を受けることができます。ただし、少年の成長発達権が害されるおそれがない場合です。

5. 審判結果等通知制度

被害者や遺族は、家庭裁判所から少年の氏名や審判の結果などを知らせてもらうことができます。ただし、少年の成長発達権が害されるおそれがない場合に限ります。

少年
〇山△男

6. 被害者等通知制度（少年審判後の通知）

被害者や遺族は、少年審判において保護処分を受けた加害者(少年)が、少年院でどのような教育を受けているかを知らせてもらうことができます。

47

情報公開と少年犯罪

犯罪少年にも被害者にも、守られるべきプライバシーがあります。

少年法では、「犯罪少年の氏名、年齢、職業、住居、容ぼうなど、少年が事件の本人であることがわかってしまうような報道をしてはいけない」と定めています。それは、少年のプライベートな情報が広く流されることによって、少年の社会復帰がむずかしくなるのをさけるためです。また、家庭裁判所で何が問題だったのかを明らかにするためには、プライベートな情報を

報道の問題点の例

凶悪な犯罪を行った少年（16歳・男性）の実名と顔写真が、週刊誌に掲載されてしまいました。

電車のなかの広告に、少年がおこした事件の記事が掲載され、多くの人びとの目にふれました。

ほかに出さないことを条件に親や少年に話してもらうことが必要です。しかし、とくに注目を集めた事件では、少年の氏名や顔写真、検察官などによる取り調べの内容が書かれた供述調書などが報道され、しばしば問題となってきました。

また最近では、犯罪にかかわった少年やその家族のプライベートな情報や悪口が、インターネットで広まってしまうというケースも増え、社会問題となっています。

その一方で、加害者の少年のプライバシーが守られるのに対し、被害者の写真や氏名などが報道され、被害者本人や被害者の家族に、大きな心の傷を残してしまうという問題も取り上げられています。

非行少年には社会復帰のために多くの支援が必要です。少年法は、少なくともマスメディアに対して、実名を報道しないことで、少年の社会復帰を支援する義務を負わせているのです。

プライバシーの問題点の例

さらに、少年の顔写真と実名がインターネットにより世界じゅうに広まってしまいました。

少年法だけで十分なの？

少年犯罪を防ぐには、どうしたらいいのでしょうか。

少年犯罪の背景には、貧困や児童虐待などの問題が横たわっています。児童虐待とは、親（または親の代わりをする人）が、子どもの体や心を傷つけ、成長や発達に悪いえいきょうをあたえることをいいます。

非行少年はそのほとんどが、児童虐待やいじめの被害者であったという過去を持っています。少年が被害者であったときに、まわりのお

児童虐待を防ぐために

児童虐待防止法では、虐待されているかもしれない子どもや家庭に気づいたら、児童相談所に通報しなければいけないと定められています。

もしもし、おとなりの子どもが！

第2章 少年法の役割

となが少年の問題に気づき、適切な援助を行っていれば、その後の加害行為が行われなかった可能性も少なくありません。

そのため、子どもの成長発達に大きなえいきょうをおよぼす貧困や児童虐待に対処することが、非行の防止につながります。たとえば、児童虐待に関しては「児童虐待の防止等に関する法律」（2000年、通称「児童虐待防止法」）がつくられ、「虐待を発見した者は児童相談所などに通告する義務がある」ことが改めて確認されました。その後の改正で、児童虐待をできるだけ早く見つけて子どもを助けるための安全確認方法が充実してきました。

しかし、法律ができても社会が無関心では何の意味もありません。子どもたちを加害者にも被害者にもさせないためには、子どもたちの行動から、子どもたちの「助けて」「困ってるんだよ」「つらいんだよ」といったサインを的確に読み取り、必要な援助を行うことが何よりも重要です。

おとなたちの役割

取り返しのつかない被害をこれ以上ふやさないために、子どもたちの出す「ヘルプ（助けて）」のサインをおとなたちは適切に読み取り、それに対応できる制度をつくる必要があります。

column

「18歳からもうおとな？」

　21世紀になって何度か改正されてきた少年法ですが、2015年にも改正しようという動きが出てきています。最も大きな改正点は、それまでの少年法では、少年法が適用される年齢は「20歳未満」とされていたものを、「18歳未満」に引き下げるという点です。それと同時に、18歳と19歳の「年長少年」に新しい対応策をつくることも検討されています。

　こうした動きは、2015年に改正公職選挙法で、選挙権年齢が18歳以上に引き下げられたことに連動したものです。このような少年法改正の動きに対して、非行少年の罪に見合った刑罰があたえられるようになると評価する声も上がりました。しかし、その一方で、少年法の適用年齢が18歳未満に引き下げられると、これまで家庭裁判所であつかっていた少年犯罪の約40パーセントが少年審判ではなく、おとなたちと同じ裁判を受けることになります。そのため、「少年の更生の機会がうばわれてしまうのではないか」と心配する声も上がっています。

少年法の適用年齢が18歳未満になると……

1. 18歳、19歳の少年は、原則的に刑事処分の対象になる。
2. 家庭裁判所であつかっていた少年犯罪のうち約40パーセントが保護処分（保護観察、少年院送致）の対象外になる。
3. 18歳、19歳の犯罪少年は実名報道される。

少年法 全文

(昭和23・7・15・法律168号)
最終改正：平成26・4・18・法律23号
(施行：平成26年5月8日、平成26年6月18日)

第1章 総則

(この法律の目的)
第1条 この法律は、少年の健全な育成を期し、非行のある少年に対して性格の矯正及び環境の調整に関する保護処分を行うとともに、少年の刑事事件について特別の措置を講ずることを目的とする。

(少年、成人、保護者)
第2条 この法律で「少年」とは、20歳に満たない者をいい、「成人」とは、満20歳以上の者をいう。
2 この法律で「保護者」とは、少年に対して法律上監護教育の義務ある者及び少年を現に監護する者をいう。

第2章 少年の保護事件

第1節 通則

(審判に付すべき少年)
第3条 次に掲げる少年は、これを家庭裁判所の審判に付する。
一 罪を犯した少年
二 14歳に満たないで刑罰法令に触れる行為をした少年
三 次に掲げる事由があつて、その性格又は環境に照して、将来、罪を犯し、又は刑罰法令に触れる行為をする虞のある少年
　イ 保護者の正当な監督に服しない性癖のあること。
　ロ 正当の理由がなく家庭に寄り附かないこと。
　ハ 犯罪性のある人若しくは不道徳な人と交際し、又はいかがわしい場所に出入すること。
　ニ 自己又は他人の徳性を害する行為をする性癖のあること。

2 家庭裁判所は、前項第2号に掲げる少年及び同項第3号に掲げる少年で14歳未満については、都道府県知事又は児童相談所長から送致を受けたときに限り、これを審判に付することができる。

(判事補の職権)
第4条 第20条の決定以外の裁判は、判事補が一人でこれをすることができる。

(管轄)
第5条 保護事件の管轄は、少年の行為地、住所、居所又は現在地による。
2 家庭裁判所は、保護の適正を期するため特に必要があると認めるときは、決定をもつて、事件を他の管轄家庭裁判所に移送することができる。
3 家庭裁判所は、事件がその管轄に属しないと認めるときは、決定をもつて、これを管轄家庭裁判所に移送しなければならない。

(被害者等による記録の閲覧及び謄写)
第5条の2 裁判所は、第3条第1項第1号又は第2号に掲げる少年に係る保護事件について、第21条の決定があつた後、最高裁判所規則の定めるところにより当該保護事件の被害者等(被害者又はその法定代理人若しくは被害者が死亡した場合若しくはその心身に重大な故障がある場合におけるその配偶者、直系の親族若しくは兄弟姉妹をいう。以下同じ。)又は被害者等から委託を受けた弁護士から、その保管する当該保護事件の記録(家庭裁判所が専ら当該少年の保護の必要性を判断するために収集したもの及び家庭裁判所調査官が家庭裁判所による当該少年の保護の必要性の判断に資するよう作成し又は収集したものを除く。)の閲覧又は謄写の申出があるときは、閲覧又は謄写を求める理由が正当でないと認める場合及び少年の健全な育成に対する影響、事件の性質、調査又は審判の状況その他の事情を考慮して閲覧又は謄写をさせることが相当でないと認める場合を除き、申出をした者にその閲覧又は謄写をさせるものとする。
2 前項の申出は、その申出に係る保護事件を終局させる決定が確定した後3年を経過したときは、することができない。
3 第1項の規定により記録の閲覧又は謄写をした者は、正当な理由がないのに閲覧又は謄写により知り得た少年の氏名その他少年の身上に関する事項を漏らしてはならず、かつ、閲覧又は謄写により知り得た事項をみだりに用いて、少年の健全な育成を妨げ、関係人の名誉若しくは生活の平穏を害し、又は調査若しくは審判に支障を生じさせる行為をしてはならない。

(閲覧又は謄写の手数料)
第5条の3 前条第1項の規定による記録の閲覧又は謄写の手数料については、その性質に反しない限り、民事訴訟費用等に関する法律(昭和46年法律第40号)第7条から第10条まで及び別表第2の1の項の規定(同項上欄中

「(事件の係属中に当事者等が請求するものを除く。)」とある部分を除く。)を準用する。

第2節　通告、警察官の調査等
(通告)
第6条　家庭裁判所の審判に付すべき少年を発見した者は、これを家庭裁判所に通告しなければならない。
2　警察官又は保護者は、第3条第1項第3号に掲げる少年について、直接これを家庭裁判所に送致し、又は通告するよりも、先づ児童福祉法(昭和22年法律第164号)による措置にゆだねるのが適当であると認めるときは、その少年を直接児童相談所に通告することができる。

(警察官等の調査)
第6条の2　警察官は、客観的な事情から合理的に判断して、第3条第1項第2号に掲げる少年であると疑うに足りる相当の理由のある者を発見した場合において、必要があるときは、事件について調査をすることができる。
2　前項の調査は、少年の情操の保護に配慮しつつ、事案の真相を明らかにし、もつて少年の健全な育成のための措置に資することを目的として行うものとする。
3　警察官は、国家公安委員会規則の定めるところにより、少年の心理その他の特性に関する専門的知識を有する警察職員(警察官を除く。)に調査(第6条の5第1項の処分を除く。)をさせることができる。

(調査における付添人)
第6条の3　少年及び保護者は、前条第1項の調査に関し、いつでも、弁護士である付添人を選任することができる。

(呼出し、質問、報告の要求)
第6条の4　警察官は、調査をするについて必要があるときは、少年、保護者又は参考人を呼び出し、質問することができる。
2　前項の質問に当たつては、強制にわたることがあつてはならない。
3　警察官は、調査について、公務所又は公私の団体に照会して必要な事項の報告を求めることができる。

(押収、捜索、検証、鑑定嘱託)
第6条の5　警察官は、第3条第1項第2号に掲げる少年に係る事件の調査をするについて必要があるときは、押収、捜索、検証又は鑑定の嘱託をすることができる。
2　刑事訴訟法(昭和23年法律第131号)中、司法警察職員の行う押収、捜索、検証及び鑑定の嘱託に関する規定(同法第224条を除く。)は、前項の場合に、これを準用する。この場合において、これらの規定中「司法警察員」とあるのは「司法警察員たる警察官」と、「司法巡査」とあるのは「司法巡査たる警察官」と読み替えるほか、同法第499条第1項中「検察官」とあるのは「警視総監若しくは道府県警察本部長又は警察署長」と、「政令」とあるのは「国家公安委員会規則」と、同条第3項中「国庫」とあるのは「当該都道府県警察又は警察署の属する都道府県」と読み替えるものとする。

(警察官の送致等)
第6条の6　警察官は、調査の結果、次の各号のいずれかに該当するときは、当該調査に係る書類とともに事件を児童相談所長に送致しなければならない。
一　第3条第1項第2号に掲げる少年に係る事件について、その少年の行為が第22条の2第1項各号に掲げる罪に係る刑罰法令に触れるものであると思料するとき。
二　前号に掲げるもののほか、第3条第1項第2号に掲げる少年に係る事件について、家庭裁判所の審判に付することが適当であると思料するとき。
2　警察官は、前項の規定により児童相談所長に送致した事件について、児童福祉法第27条第1項第4号の措置がとられた場合において、証拠物があるときは、これを家庭裁判所に送付しなければならない。
3　警察官は、第1項の規定により事件を送致した場合を除き、児童福祉法第25条の規定により調査に係る少年を児童相談所に通告するときは、国家公安委員会規則の定めるところにより、児童相談所に対し、同法による措置をとるについて参考となる当該調査の概要及び結果を通知するものとする。

(都道府県知事又は児童相談所長の送致)
第6条の7　都道府県知事又は児童相談所長は、前条第1項(第1号に係る部分に限る。)の規定により送致を受けた事件については、児童福祉法第27条第1項第4号の措置をとらなければならない。ただし、調査の結果、その必要がないと認められるときは、この限りでない。
2　都道府県知事又は児童相談所長は、児童福祉法の適用がある少年について、たまたま、その行動の自由を制限し、又はその自由を奪うような強制的措置を必要とするときは、同法第33条、第33条の2及び第47条の規定により認められる場合を除き、これを家庭裁判所に送致しなければならない。

(家庭裁判所調査官の報告)
第7条　家庭裁判所調査官は、家庭裁判所の審判に付すべき少年を発見したときは、これを裁判官に報告しなければならない。
2　家庭裁判所調査官は、前項の報告に先だち、少年及び保護者について、事情を調査することができる。

第3節　調査及び審判
(事件の調査)
第8条　家庭裁判所は、第6条第1項の通告又は前条第1項の報告により、審判に付すべき少年があると思料するときは、事件について調査しなければならない。検察官、司法警察員、警察官、都道府県知事又は児童相談所長から家庭裁判所の審判に付すべき少年事件の送致を受けたときも、同様とする。
2　家庭裁判所は、家庭裁判所調査官に命じて、少年、保護者又は参考人の取調その他の必要な調査を行わせることができる。

(調査の方針)
第9条　前条の調査は、なるべく、少年、保護者又は関係人の行状、経歴、素質、環境等について、医学、心理学、教育学、社会学その他の専門的智識特に少年鑑別所の鑑別の結果を活用して、これを行うように努めなければならない。

(被害者等の申出による意見の聴取)
第9条の2　家庭裁判所は、最高裁判所規則の定めるところにより第3条第1項第1号又は第2号に掲げる少年に係る事件の被害者等から、被害に関する心情その他の事件に関する意見の陳述の申出があるときは、自らこれを聴取し、又は家庭裁判所調査官に命じてこれを聴取させるものとする。ただし、事件の性質、調査又は審判の状況その他の事情を考慮して、相当でないと認めるときは、この限りでない。

(付添人)
第10条　少年及び保護者は、家庭裁判所の許可を受けて、付添人を選任することができる。ただし、弁護士を付添人に選任するには、家庭裁判所の許可を要しない。
2　保護者は、家庭裁判所の許可を受けて、付添人となることができる。

(呼出、同行)
第11条　家庭裁判所は、事件の調査又は審判について必要があると認めるときは、少年又は保護者に対して、呼出状を発することができる。
2　家庭裁判所は、正当な理由がなく前項の呼出に応じない者に対して、同行状を発することができる。

(緊急の場合の同行)
第12条　家庭裁判所は、少年が保護のため緊急を要する状態にあつて、その福祉上必要であると認めるときは、前条第2項の規定にかかわらず、その少年に対して、同行状を発することができる。
2　裁判長は、急速を要する場合には、前項の処分をし、又は合議体の構成員にこれをさせることができる。

(同行状の執行)
第13条　同行状は、家庭裁判所調査官がこれを執行する。
2　家庭裁判所は、警察官、保護観察官又は裁判所書記官をして、同行状を執行させることができる。
3　裁判長は、急速を要する場合には、前項の処分をし、又は合議体の構成員にこれをさせることができる。

(証人尋問・鑑定・通訳・翻訳)
第14条　家庭裁判所は、証人を尋問し、又は鑑定、通訳若しくは翻訳を命ずることができる。
2　刑事訴訟法中、裁判所の行う証人尋問、鑑定、通訳及び翻訳に関する規定は、保護事件の性質に反しない限り、前項の場合に、これを準用する。

(検証、押収、捜索)
第15条　家庭裁判所は、検証、押収又は捜索をすることができる。
2　刑事訴訟法中、裁判所の行う検証、押収及び捜索に関する規定は、保護事件の性質に反しない限り、前項の場合に、これを準用する。

(援助、協力)
第16条　家庭裁判所は、調査及び観察のため、警察官、保護観察官、保護司、児童福祉司(児童福祉法第12条の3第2項第4号に規定する児童福祉司をいう。第26条第1項において同じ。)又は児童委員に対して、必要な援助をさせることができる。
2　家庭裁判所は、その職務を行うについて、公務所、公私の団体、学校、病院その他に対して、必要な協力を求めることができる。

(観護の措置)
第17条　家庭裁判所は、審判を行うため必要があるときは、決定をもつて、次に掲げる観護の措置をとることができる。
　一　家庭裁判所調査官の観護に付すること。
　二　少年鑑別所に送致すること。
2　同行された少年については、観護の措置は、遅くとも、到着のときから24時間以内に、これを行わなければならない。検察官又は司法警察員から勾留又は逮捕された少年の送致を受けたときも、同様である。
3　第1項第2号の措置においては、少年鑑別所に収容する期間は、2週間を超えることができない。ただし、特に継続の必要があるときは、決定をもつて、これを更新することができる。
4　前項ただし書の規定による更新は、1回を超えて行うことができない。ただし、第3条第1項第1号に掲げる少年に係る死刑、懲役又は禁錮に当たる罪の事件でその非行事実(犯行の動機、態様及び結果その他の当該犯罪に密接に関連する重要な事実を含む。以下同じ。)の認定に関し証人尋問、鑑定若しくは検証を行うことを決定したもの又はこれを行つたものについて、少年を収容しなければ審判に著しい支障が生じるおそれがあると認めるに足りる相当の理由がある場合には、その更新は、更に2回を限度として、行うことができる。
5　第3項ただし書の規定にかかわらず、検察官から再び送致を受けた事件が先に第1項第2号の措置がとられ、又は勾留状が発せられた事件であるときは、収容の期間は、これを更新することができない。
6　裁判官が第43条第1項の請求により、第1項第1号の措置をとつた場合において、事件が家庭裁判所に送致されたときは、その措置は、これを第1項第1号の措置とみなす。
7　裁判官が第43条第1項の請求により第1項第2号の措置をとつた場合において、事件が家庭裁判所に送致されたときは、その措置は、これを第1項第2号の措置とみなす。この場合には、第3項の期間は、家庭裁判所が事件の送致を受けた日から、これを起算する。
8　観護の措置は、決定をもつて、これを取り消し、又は変更することができる。
9　第1項第2号の措置については、収容の期間は、通じて8週間を超えることができない。ただし、その収容の期間が通じて4週間を超えることとなる決定を行うときは、第4項ただし書に規定する事由がなければならない。
10　裁判長は、急速を要する場合には、第1項及び第8項の処分をし、又は合議体の構成員にこれをさせることができる。

(異議の申立て)
第17条の2　少年、その法定代理人又は付添人は、前条第1項第2号又は第3項ただし書の決定に対して、保護事件の係属する家庭裁判所に異議の申立てをすることができる。ただし、付添人は、選任者である保護者の明示した意思に反して、異議の申立てをすることができない。
2　前項の、異議の申立ては、審判に付すべき事由がないことを理由としてすることはできない。
3　第1項の異議の申立てについては、家庭裁判所は、合議体で決定をしなければならない。この場合において、その決定には、原決定に関与した裁判官は、関与することができない。
4　第32条の3、第33条及び第34条の規定は、第1項の異議の申立てがあつた場合について準用する。この場合において、第33条第2項中「取り消して、事件を原裁判所に差し戻し、又は他の家庭裁判所に移送しなければならない」とあるのは、「取り消し、必要があるときは、更に裁判をしなければならない」と読み替えるものとする。

(特別抗告)
第17条の3　第35条第1項の規定は、前条第3項の決定について準用する。この場合に

おいて、第35条第1項中「2週間」とあるのは、「5日」と読み替えるものとする。

2　前条第4項及び第32条の2の規定は、前項の規定による抗告があつた場合について準用する。

(少年鑑別所送致の場合の仮収容)
第17条の4　家庭裁判所は、第17条第1項第2号の措置をとつた場合において、直ちに少年鑑別所に収容することが著しく困難であると認める事情があるときは、決定をもつて、少年を仮に最寄りの少年院又は刑事施設の特に区別した場所に収容することができる。ただし、その期間は、収容した時から72時間を超えることができない。

2　裁判長は、急速を要する場合には、前項の処分をし、又は合議体の構成員にこれをさせることができる。

3　第1項の規定による収容の期間は、これを第17条第1項第2号の措置により少年鑑別所に収容した期間とみなし、同条第3項の期間は、少年院又は刑事施設に収容した日から、これを起算する。

4　裁判官が第43条第1項の請求のあつた事件につき、第1項の収容をした場合において、事件が家庭裁判所に送致されたときは、その収容は、これを第1項の規定による収容とみなす。

(児童福祉法の措置)
第18条　家庭裁判所は、調査の結果、児童福祉法の規定による措置を相当と認めるときは、決定をもつて、事件を権限を有する都道府県知事又は児童相談所に送致しなければならない。

2　第6条の7第2項の規定により、都道府県知事又は児童相談所長から送致を受けた少年については、決定をもつて、期限を付して、これに対してとるべき保護の方法その他の措置を指示して、事件を権限を有する都道府県知事又は児童相談所長に送致することができる。

(審判を開始しない旨の決定)
第19条　家庭裁判所は、調査の結果、審判に付することができず、又は審判に付するのが相当でないと認めるときは、審判を開始しない旨の決定をしなければならない。

2　家庭裁判所は、調査の結果、本人が20歳以上であることが判明したときは、前項の規定にかかわらず、決定をもつて、事件を管轄地方裁判所に対応する検察庁の検察官に送致しなければならない。

(検察官への送致)
第20条　家庭裁判所は、死刑、懲役又は禁錮に当たる罪の事件について、調査の結果、その罪質及び情状に照らして刑事処分を相当と認めるときは、決定をもつて、これを管轄地方裁判所に対応する検察庁の検察官に送致しなければならない。

2　前項の規定にかかわらず、家庭裁判所は、故意の犯罪行為により被害者を死亡させた罪の事件であつて、その罪を犯すとき16歳以上の少年に係るものについては、同項の決定をしなければならない。ただし、調査の結果、犯行の動機及び態様、犯行後の情況、少年の性格、年齢、行状及び環境その他の事情を考慮し、刑事処分以外の措置を相当と認めるときは、この限りでない。

(審判開始の決定)
第21条　家庭裁判所は、調査の結果、審判を開始するのが相当であると認めるときは、その旨の決定をしなければならない。

(審判の方式)
第22条　審判は、懇切を旨として、和やかに行うとともに、非行のある少年に対し自己の非行について内省を促すものとしなければならない。

2　審判は、これを公開しない。

3　審判の指揮は、裁判長が行う。

(検察官の関与)
第22条の2　家庭裁判所は、第3条第1項第1号に掲げる少年に係る事件であつて、次に掲げる罪のものにおいて、その非行事実を認定するための審判の手続に検察官が関与する必要があると認めるときは、決定をもつて、審判に検察官を出席させることができる。

一　故意の犯罪行為により被害者を死亡させた罪
二　前号に掲げるもののほか、死刑又は無期若しくは短期2年以上の懲役若しくは禁錮に当たる罪

2　家庭裁判所は、前項の決定をするには、検察官の申出がある場合を除き、あらかじめ、検察官の意見を聴かなければならない。

3　検察官は、第1項の決定があつた事件において、その非行事実の認定に資するため必要な限度で、最高裁判所規則の定めるところにより、事件の記録及び証拠物を閲覧し及び謄写し、審判の手続(事件を終局させる決定の告知を含む。)に立ち会い、少年及び証人その他の関係人に発問し、並びに意見を述べることができる。

(国選付添人)
第22条の3　家庭裁判所は、前条第1項の決定をした場合において、少年に弁護士である付添人がないときは、弁護士である付添人を付さなければならない。

2　家庭裁判所は、第3条第1項第1号に掲げる少年に係る事件であつて前条第1項各号に掲げる罪のもの又は第3条第1項第2号に掲げる少年に係る事件であつて前条第1項各号に掲げる罪に係る刑罰法令に触れるものについて、第17条第1項第2号の措置がとられており、かつ、少年に弁護士である付添人がない場合において、事案の内容、保護者の有無その他の事情を考慮し、審判の手続に弁護士である付添人が関与する必要があると認めるときは、弁護士である付添人を付することができる。

3　前2項の規定により家庭裁判所が付すべき付添人は、最高裁判所規則の定めるところにより、選任するものとする。

4　前項(第22条の5第4項において準用する場合を含む。)の規定により選任された付添人は、旅費、日当、宿泊料及び報酬を請求することができる。

(被害者等による少年審判の傍聴)
第22条の4　家庭裁判所は、最高裁判所規則の定めるところにより第3条第1項第1号に掲げる少年に係る事件であつて次に掲げる罪のもの又は同項第2号に掲げる少年(12歳に満たないで刑罰法令に触れる行為をした少年を除く。次項において同じ。)に係る事件であつて次に掲げる罪に係る刑罰法令に触れるもの(いずれも被害者を傷害した場合にあつては、これにより生命に重大な危険を生じさせたときに限る。)の被害者等から、審判期日における審判の傍聴の申出がある場合において、少年の年齢及び心身の状態、事件の性質、審判の状況その他の事情を考慮して、少年の健全な育成を妨げるおそれがなく相当と認めるときは、その申出をした者に対し、これを傍聴することを許すことができる。

少年法 全文

一　故意の犯罪行為により被害者を死傷させた罪
二　刑法(明治40年法律第45号)第211条(業務上過失致死傷等)の罪
三　自動車の運転により人を死傷させる行為等の処罰に関する法律(平成25年法律第86号)第4条、第5条又は第6条第3項若しくは第4項の罪

2　家庭裁判所は、前項の規定により第3条第1項第2号に掲げる少年に係る事件の被害者等に審判の傍聴を許すか否かを判断するに当たつては、同号に掲げる少年が、一般に、精神的に特に未成熟であることを十分考慮しなければならない。

3　家庭裁判所は、第1項の規定により審判の傍聴を許す場合において、傍聴する者の年齢、心身の状態その他の事情を考慮し、その者が著しく不安又は緊張を覚えるおそれがあると認めるときは、その不安又は緊張を緩和するのに適当であり、かつ、審判を妨げ、又はこれに不当な影響を与えるおそれがないと認める者を、傍聴する者に付き添わせることができる。

4　裁判長は、第1項の規定により審判を傍聴する者及び前項の規定によりこの者に付き添う者の座席の位置、審判を行う場所における裁判所職員の配置等を定めるに当たつては、少年の心身に及ぼす影響に配慮しなければならない。

5　第5条の2第3項の規定は、第1項の規定により審判を傍聴した者又は第3項の規定によりこの者に付き添つた者について、準用する。

(弁護士である付添人からの意見の聴取等)
第22条の5　家庭裁判所は、前条第1項の規定により審判の傍聴を許すには、あらかじめ、弁護士である付添人の意見を聴かなければならない。

2　家庭裁判所は、前項の場合において、少年に弁護士である付添人がないときは、弁護士である付添人を付さなければならない。

3　少年に弁護士である付添人がない場合であつて、最高裁判所規則の定めるところにより少年及び保護者がこれを必要としない旨の意思を明示したときは、前2項の規定は適用しない。

4　第22条の3第3項の規定は、第2項の規定により家庭裁判所が付すべき付添人について、準用する。

(被害者等に対する説明)
第22条の6　家庭裁判所は、最高裁判所規則の定めるところにより第3条第1項第1号又は第2号に掲げる少年に係る事件の被害者等から申出がある場合において、少年の健全な育成を妨げるおそれがなく相当と認めるときは、最高裁判所規則の定めるところにより、その申出をした者に対し、審判期日における審判の状況を説明するものとする。

2　前項の申出は、その申出に係る事件を終局させる決定が確定した後3年を経過したときは、することができない。

3　第5条の2第3項の規定は、第1項の規定により説明を受けた者について、準用する。

(審判開始後保護処分に付しない場合)
第23条　家庭裁判所は、審判の結果、第18条又は第20条にあたる場合であると認めるときは、それぞれ、所定の決定をしなければならない。

2　家庭裁判所は、審判の結果、保護処分に付することができず、又は保護処分に付する必要がないと認めるときは、その旨の決定をしなければならない。

3　第19条第2項の規定は、家庭裁判所の審判の結果、本人が20歳以上であることが判明した場合に準用する。

(保護処分の決定)
第24条　家庭裁判所は、前条の場合を除いて、審判を開始した事件につき、決定をもつて、次に掲げる保護処分をしなければならない。ただし、決定の時に14歳に満たない少年に係る事件については、特に必要と認める場合に限り、第3号の保護処分をすることができる。

一　保護観察所の保護観察に付すること。
二　児童自立支援施設又は児童養護施設に送致すること。
三　少年院に送致すること。

2　前項第1号及び第3号の保護処分においては、保護観察所の長をして、家庭その他の環境調整に関する措置を行わせることができる。

(没取)
第24条の2　家庭裁判所は、第3条第1項第1号及び第2号に掲げる少年について、第18条、第19条、第23条第2項又は前条第1項の決定をする場合には、決定をもつて、次に掲げる物を没取することができる。

一　刑罰法令に触れる行為を組成した物
二　刑罰法令に離れる行為に供し、又は供しようとした物
三　刑罰法令に触れる行為から生じ、若しくはこれによつて得た物又は刑罰法令に触れる行為の報酬として得た物
四　前号に記載した物の対価として得た物

2　没取は、その物が本人以外の者に属しないときに限る。但し、刑罰法令に触れる行為の後、本人以外の者が情を知つてその物を取得したときは、本人以外の者に属する場合であつても、これを没取することができる。

(家庭裁判所調査官の観察)
第25条　家庭裁判所は、第24条第1項の保護処分を決定するため必要があると認めるときは、決定をもつて、相当の期間、家庭裁判所調査官の観察に付することができる。

2　家庭裁判所は、前項の観察とあわせて、次に掲げる措置をとることができる。

一　遵守事項を定めてその履行を命ずること。
二　条件を附けて保護者に引き渡すこと。
三　適当な施設、団体又は個人に補導を委託すること。

(保護者に対する措置)
第25条の2　家庭裁判所は、必要があると認めるときは、保護者に対し、少年の監護に関する責任を自覚させ、その非行を防止するため、調査又は審判において、自ら訓戒、指導その他の適当な措置をとり、又は家庭裁判所調査官に命じてこれらの措置をとらせることができる。

(決定の執行)
第26条　家庭裁判所は、第17条第1項第2号、第17条の4第1項、第18条、第20条及び第24条第1項の決定をしたときは、家庭裁判所調査官、裁判所書記官、法務事務官、法務教官、警察官、保護観察官又は児童福祉司をして、その決定を執行させることができる。

2　家庭裁判所は、第17条第1項第2号、第17条の4第1項、第18条、第20条及び第24条第1項の決定を執行するため必要があるときは、少年に対して、呼出状を発することができる。

3　家庭裁判所は、正当な理由がなく前項の呼出に応じない者に対して、同行状を発することができる。

4　家庭裁判所は、少年が保護のため緊急を要する状態にあつて、その福祉上必要であると認めるときは、前項の規定にかかわらず、その少年に対して、同行状を発することができる。

5　第13条の規定は、前2項の同行状に、これを準用する。

6　裁判長は、急速を要する場合には、第1項及び第4項の処分をし、又は合議体の構成員にこれをさせることができる。

(少年鑑別所収容の一時継続)
第26条の2　家庭裁判所は、第17条第1項第2号の措置がとられている事件について、第18条から第20条まで、第23条第2項又は第24条第1項の決定をする場合において、必要と認めるときは、決定をもつて、少年を引き続き相当期間少年鑑別所に収容することができる。但し、その期間は、7日を超えることはできない。

(同行状の執行の場合の仮収容)
第26条の3　第24条第1項第3号の決定を受けた少年に対して第26条第3項又は第4項の同行状を執行する場合において、必要があるときは、その少年を仮に最寄の少年鑑別所に収容することができる。

(保護観察中の者に対する措置)
第26条の4　更生保護法(平成19年法律第88号)第67条第2項の申請があつた場合において、家庭裁判所は、審判の結果、第24条第1項第1号の保護処分を受けた者が遵守すべき事項を遵守せず、同法第67条第1項の警告を受けたにもかかわらず、なお遵守すべき事項を遵守しなかつたと認められる事由があり、その程度が重く、かつ、その保護処分によつては本人の改善及び更生を図ることができないと認めるときは、決定をもつて、第24条第1項第2号又は第3号の保護処分をしなければならない。

2　家庭裁判所は、前項の規定により20歳以上の者に対して第24条第1項第3号の保護処分をするときは、その決定と同時に、本人が23歳を超えない期間内において、少年院に収容する期間を定めなければならない。

3　前項に定めるもののほか、第1項の規定による保護処分に係る事件の手続は、その性質に反しない限り、第24条第1項の規定による保護処分に係る事件の手続の例による。

(競合する処分の調整)
第27条　保護処分の継続中、本人に対して有罪判決が確定したときは、保護処分をした家庭裁判所は、相当と認めるときは、決定をもつて、その保護処分を取り消すことができる。

2　保護処分の継続中、本人に対して新たな保護処分がなされたときは、新たな保護処分をした家庭裁判所は、前の保護処分をした家庭裁判所の意見を聞いて、決定をもつて、いずれかの保護処分を取消すことができる。

(保護処分の取消し)
第27条の2　保護処分の継続中、本人に対し審判権がなかつたこと、又は14歳に満たない少年について、都道府県知事若しくは児童相談所長から送致の手続がなかつたにもかかわらず、保護処分をしたことを認め得る明らかな資料を新たに発見したときは、保護処分をした家庭裁判所は、決定をもつて、その保護処分を取り消さなければならない。

2　保護処分が終了した後においても、審判に付すべき事由の存在が認められないにもかかわらず保護処分をしたことを認め得る明らかな資料を新たに発見したときは、前項と同様とする。ただし、本人が死亡した場合は、この限りでない。

3　保護観察所、教護院、養護施設又は少年院の長は、保護処分の継続中の者について、第1項の事由があることを疑うに足りる資料を発見したときは、保護処分をした家庭裁判所に、その旨の通知をしなければならない。

4　第18条第1項及び第19条第2項の規定は、家庭裁判所が、第1項の規定により、保護処分を取り消した場合に準用する。

5　家庭裁判所は、第1項の規定により、少年院に収容中の者の保護処分を取り消した場合において、必要があると認めるときは、決定をもつて、その者を引き続き少年院に収容することができる。但し、その期間は、3日を超えることはできない。

6　前3項に定めるもののほか、第1項及び第2項の規定による保護処分の取消しの事件の手続は、その性質に反しない限り、保護事件の例による。

(報告と意見の提出)
第28条　家庭裁判所は、第24条又は第25条の決定をした場合において、施設、団体、個人、保護観察所、児童福祉施設又は少年院に対して、少年に関する報告又は意見の提出を求めることができる。

(委託費用の支給)
第29条　家庭裁判所は、第25条第2項第3号の措置として、適当な施設、団体又は個人に補導を委託したときは、その者に対して、これによつて生じた費用の全部又は一部を支給することができる。

(証人等の費用)
第30条　証人、鑑定人、翻訳人及び通訳人に支給する旅費、日当、宿泊料その他の費用の額については、刑事訴訟費用に関する法令の規定を準用する。

2　参考人は、旅費、日当、宿泊料を請求することができる。

3　参考人に支給する費用は、これを証人に支給する費用とみなして、第1項の規定を適用する。

4　第22条の3第4項の規定により付添人に支給すべき旅費、日当、宿泊料及び報酬の額については、刑事訴訟法第38条第2項の規定により弁護人に支給すべき旅費、日当、宿泊料及び報酬の例による。

第30条の2　家庭裁判所は、第16条第1項の規定により保護司又は児童委員をして、調査及び観察の援助をさせた場合には、最高裁判所の定めるところにより、その費用の一部又は全部を支払うことができる。

(費用の徴収)
第31条　家庭裁判所は、少年又はこれを扶養する義務のある者から証人、鑑定人、通訳人、翻訳人、参考人、第22条の3第3項(第22条の5第4項において準用する場合を含む。)の規定により選任された付添人及び補導を委託された者に支給した旅費、日当、宿泊料その他の費用並びに少年鑑別所及び少年院において生じた費用の全部又は一部を徴収することができる。

2　前項の費用の徴収については、非訟事件手続法(平成23年法律第51号)第121条の規定を準用する。

(被害者等に対する通知)

少年法 全文

第31条の2　家庭裁判所は、第3条第1項第1号又は第2号に掲げる少年に係る事件を終局させる決定をした場合において、最高裁判所規則の定めるところにより当該事件の被害者等から申出があるときは、その申出をした者に対し、次に掲げる事項を通知するものとする。ただし、その通知をすることが少年の健全な育成を妨げるおそれがあり相当でないと認められるものについては、この限りでない。
一　少年及びその法定代理人の氏名及び住居（法定代理人が法人である場合においては、その名称又は商号及び主たる事務所又は本店の所在地）
二　決定の年月日、主文及び理由の要旨
2　前項の申出は、同項に規定する決定が確定した後3年を経過したときは、することができない。
3　第5条の2第3項の規定は、第1項の規定により通知を受けた者について、準用する。

第4節　抗告

（抗告）
第32条　保護処分の決定に対しては、決定に影響を及ぼす法令の違反、重大な事実の誤認又は処分の著しい不当を理由とするときに限り、少年、その法定代理人又は付添人から、2週間以内に、抗告をすることができる。ただし、付添人は、選任者である保護者の明示した意思に反して、抗告をすることができない。

（抗告裁判所の調査の範囲）
第32条の2　抗告裁判所は、抗告の趣意に含まれている事項に限り、調査をするものとする。
2　抗告裁判所は、抗告の趣意に含まれていない事項であつても、抗告の理由となる事由に関しては、職権で調査をすることができる。

（抗告裁判所の事実の取調べ）
第32条の3　抗告裁判所は、決定をするについて必要があるときは、事実の取調べをすることができる。
2　前項の取調べは、合議体の構成員にさせ、又は家庭裁判所の裁判官に嘱託することができる。

（抗告受理の申立て）
第32条の4　検察官は、第22条の2第1項の決定がされた場合においては、保護処分に付さない決定又は保護処分の決定に対し、同項の決定があつた事件の非行事実の認定に関し、決定に影響を及ぼす法令の違反又は重大な事実の誤認があることを理由とするときに限り、高等裁判所に対し、2週間以内に、抗告審として事件を受理すべきことを申し立てることができる。
2　前項の規定による申立て（以下「抗告受理の申立て」という。）は、申立書を原裁判所に差し出してしなければならない。この場合において、原裁判所は、速やかにこれを高等裁判所に送付しなければならない。
3　高等裁判所は、抗告受理の申立てがされた場合において、抗告審として事件を受理するのを相当と認めるときは、これを受理することができる。この場合においては、その旨の決定をしなければならない。
4　高等裁判所は、前項の決定をする場合において、抗告受理の申立ての理由中に重要でないと認めるものがあるときは、これを排除することができる。
5　第3項の決定は、高等裁判所が原裁判所から第2項の申立書の送付を受けた日から2週間以内にしなければならない。
6　第3項の決定があつた場合には、抗告があつたものとみなす。この場合において、第32条の2の規定の適用については、抗告受理の申立ての理由中第4項の規定により排除されたもの以外のものを抗告の趣意とみなす。

（抗告審における国選付添人）
第32条の5　前条第3項の決定があつた場合において、少年に弁護士である付添人がないときは、抗告裁判所は、弁護士である付添人を付さなければならない。
2　抗告裁判所は、第22条の3第2項に規定する事件（家庭裁判所において第17条第1項第2号の措置がとられたものに限る。）について、少年に弁護士である付添人がなく、かつ、事案の内容、保護者の有無その他の事情を考慮し、抗告審の審理に弁護士である付添人が関与する必要があると認めるときは、弁護士である付添人を付することができる。

（準用）
第32条の6　第32条の2、第32条の3及び前条に定めるもののほか、抗告審の審理については、その性質に反しない限り、家庭裁判所の審判に関する規定を準用する。

（抗告審の裁判）
第33条　抗告の手続がその規定に違反したとき、又は抗告が理由のないときは、決定をもつて、抗告を棄却しなければならない。
2　抗告が理由のあるときは、決定をもつて、原決定を取り消して、事件を原裁判所に差し戻し、又は他の家庭裁判所に移送しなければならない。

（執行の停止）
第34条　抗告は、執行を停止する効力を有しない。但し、原裁判所又は抗告裁判所は、決定をもつて、執行を停止することができる。

（再抗告）
第35条　抗告裁判所のした第33条の決定に対しては、憲法に違反し、若しくは憲法の解釈に誤りがあること、又は最高裁判所若しくは控訴裁判所である高等裁判所の判例と相反する判断をしたことを理由とする場合に限り、少年、その法定代理人又は付添人から、最高裁判所に対し、2週間以内に、特に抗告をすることができる。ただし、付添人は、選任者である保護者の明示した意思に反して、抗告をすることができない。
2　第32条の2、第32条の3、第32条の5第2項及び第32条の6から前条までの規定は、前項の場合に、これを準用する。この場合において、第33条第2項中「取り消して、事件を原裁判所に差し戻し、又は他の家庭裁判所に移送しなければならない」とあるのは、「取り消さなければならない。この場合には、家庭裁判所の決定を取り消して、事件を家庭裁判所に差し戻し、又は他の家庭裁判所に移送することができる」と読み替えるものとする。

（その他の事項）
第36条　この法律で定めるものの外、保護事件に関して必要な事項は、最高裁判所がこれを定める。

第37条から第39条まで　削除

第3章　少年の刑事事件

第1節　通則

（準拠法例）
第40条　少年の刑事事件については、この法律で定めるものの外、一般の例による。

第2節　手続

（司法警察員の送致）

第41条　司法警察員は、少年の被疑事件について捜査を遂げた結果、罰金以下の刑にあたる犯罪の嫌疑があるものと思料するときは、これを家庭裁判所に送致しなければならない。犯罪の嫌疑がない場合でも、家庭裁判所の審判に付すべき事由があると思料するときは、同様である。

（検察官の送致）

第42条　検察官は、少年の被疑事件について捜査を遂げた結果、犯罪の嫌疑があるものと思料するときは、第45条第5号本文に規定する場合を除いて、これを家庭裁判所に送致しなければならない。犯罪の嫌疑がない場合でも、家庭裁判所の審判に付すべき事由があると思料するときは、同様である。

２　前項の場合においては、刑事訴訟法の規定に基づく裁判官による被疑者についての弁護人の選任は、その効力を失う。

（勾留に代る措置）

第43条　検察官は、少年の被疑事件においては、裁判官に対して、勾留の請求に代え、第17条第1項の措置を請求することができる。但し、第17条第1項第1号の措置は、家庭裁判所の裁判官に対して、これを請求しなければならない。

２　前項の請求を受けた裁判官は、第17条第1項の措置に関して、家庭裁判所と同一の権限を有する。

３　検察官は、少年の被疑事件においては、やむを得ない場合でなければ、裁判官に対して、勾留を請求することはできない。

（勾留に代る措置の効力）

第44条　裁判官が前条第1項の請求に基づいて第17条第1項第1号の措置をとつた場合において、検察官は、捜査を遂げた結果、事件を家庭裁判所に送致しないときは、直ちに、裁判官に対して、その措置の取消を請求しなければならない。

２　裁判官が前条第1項の請求に基づいて第17条第1項第2号の措置をとるときは、令状を発してこれをしなければならない。

３　前項の措置の効力は、その請求をした日から10日とする。

（検察官へ送致後の取扱い）

第45条　家庭裁判所が、第20条の規定によつて事件を検察官に送致したときは、次の例による。

一　第17条第1項第1号の措置は、その少年の事件が再び家庭裁判所に送致された場合を除いて、検察官が事件の送致を受けた日から10日以内に公訴が提起されないときは、その効力を失う。公訴が提起されたときは、裁判所は、検察官の請求により、又は職権をもつて、いつでも、これを取り消すことができる。

二　前号の措置の継続中、勾留状が発せられたときは、その措置は、これによつて、その効力を失う。

三　第1号の措置は、その少年が満20歳に達した後も、引き続きその効力を有する。

四　第17条第1項第2号の措置は、これを裁判官のした勾留とみなし、その期間は、検察官が事件の送致を受けた日から、これを起算する。この場合において、その事件が先に勾留状の発せられた事件であるときは、この期間は、これを延長することができない。

五　検察官は、家庭裁判所から送致を受けた事件について、公訴を提起するに足りる犯罪の嫌疑があると思料するときは、公訴を提起しなければならない。ただし、送致を受けた事件の一部について公訴を提起するに足りる犯罪の嫌疑がないか、又は犯罪の情状等に影響を及ぼすべき新たな事情を発見したため、訴追を相当でないと思料するときは、この限りでない。送致後の情況により訴追を相当でないと思料するときも、同様である。

六　少年又は保護者が選任した弁護士である付添人は、これを弁護人とみなす。

七　第4号の規定により第17条第1項第2号の措置が裁判官のした勾留とみなされた場合には、勾留状が発せられているものとみなして、刑事訴訟法中、裁判官による被疑者についての弁護人の選任に関する規定を適用する。

第45条の2　前条第1号から第4号まで及び第7号の規定は、家庭裁判所が、第19条第2項又は第23条第3項の規定により、事件を検察官に送致した場合に準用する。

（訴訟費用の負担）

第45条の3　家庭裁判所が、先に裁判官により被疑者のため弁護人が付された事件について第23条第2項又は第24条第1項の決定をするときは、刑事訴訟法中、訴訟費用の負担に関する規定を準用する。この場合において、同法第181条第1項及び第2項中「刑の言渡し」とあるのは、「保護処分の決定」と読み替えるものとする。

２　検察官は、家庭裁判所が少年に訴訟費用の負担を命ずる裁判をした事件について、その裁判を執行するため必要な限度で、最高裁判所規則の定めるところにより、事件の記録及び証拠物を閲覧し、及び謄写することができる。

（保護処分の効力）

第46条　罪を犯した少年に対して第24条第1項の保護処分等がなされたときは、審判を経た事件について、刑事訴追をし、又は家庭裁判所の審判に付することができない。

２　第22条の2第1項の決定がされた場合において、同項の決定があつた事件につき、審判に付すべき事由の存在が認められないこと又は保護処分に付する必要がないことを理由とした保護処分に付さない旨の決定が確定したときは、その事件についても、前項と同様とする。

３　第1項の規定は、第27条の2第1項の規定による保護処分の取消しの決定が確定した事件については、適用しない。ただし、当該事件につき同条第6項の規定によりその例によることとされる第22条の2第1項の決定がされた場合であつて、その取消しの理由が審判に付すべき事由の存在が認められないことであるときは、この限りでない。

（時効の停止）

第47条　第8条第1項前段の場合においては第21条の決定があつてから、第8条第1項後段の場合においては送致を受けてから、保護処分の決定が確定するまで、公訴の時効は、その進行を停止する。

２　前項の規定は、第21条の決定又は送致の後、本人が満20歳に達した事件についても、これを適用する。

（勾留）

第48条　勾留状は、やむを得ない場合でな

少年法 全文

ければ、少年に対して、これを発することはできない。
2　少年を勾留する場合には、少年鑑別所にこれを拘禁することができる。
3　本人が満20歳に達した後でも、引き続き前項の規定によることができる。

(取扱いの分離)
第49条　少年の被疑者又は被告人は、他の被疑者又は被告人と分離して、なるべく、その接触を避けなければならない。
2　少年に対する被告事件は、他の被告事件と関連する場合にも、審理に妨げない限り、その手続を分離しなければならない。
3　刑事施設、留置施設及び海上保安留置施設においては、少年(刑事収容施設及び被収容者等の処遇に関する法律(平成17年法律第50号)第2条第4号の受刑者(同条第8号の未決拘禁者としての地位を有するものを除く。)を成人と分離して収容しなければならない。

(審理の方針)
第50条　少年に対する刑事事件の審理は、第9条の趣旨に従つて、これを行わなければならない。

第3節　処分

(死刑と無期刑の緩和)
第51条　罪を犯すとき18歳に満たない者に対しては、死刑をもつて処断すべきときは、無期刑を科する。
2　罪を犯すとき18歳に満たない者に対しては、無期刑をもつて処断すべきときであつても、有期の懲役又は禁錮を科することができる。この場合において、その刑は、10年以上20年以下において言い渡す。

(不定期刑)
第52条　少年に対して有期の懲役又は禁錮をもつて処断すべきときは、処断すべき刑の範囲内において、長期を定めるとともに、長期の2分の1(長期が10年を下回るときは、長期から5年を減じた期間。次項において同じ。)を下回らない範囲内において短期を定めて、これを言い渡す。この場合において、長期は15年、短期は10年を超えることはできない。
2　前項の短期については、同項の規定にかかわらず、少年の改善更生の可能性その他の事情を考慮し特に必要があるときは、処断すべき刑の短期の2分の1を下回らず、かつ、長期の2分の1を下回らない範囲内において、これを定めることができる。この場合においては、刑法第14条第2項の規定を準用する。
3　刑の執行猶予の言渡しをする場合には、前2項の規定は、これを適用しない。

(少年鑑別所収容中の日数)
第53条　第17条第1項第2号の措置がとられた場合においては、少年鑑別所に収容中の日数は、これを未決勾留の日数とみなす。

(換刑処分の禁止)
第54条　少年に対しては、労役場留置の言渡しをしない。

(家庭裁判所への移送)
第55条　裁判所は、事実審理の結果、少年の被告人を保護処分に付するのが相当であると認めるときは、決定をもつて、事件を家庭裁判所に移送しなければならない。

(懲役又は禁錮の執行)
第56条　懲役又は禁錮の言渡を受けた少年(第3項の規定により少年院において刑の執行を受ける者を除く。)に対しては、特に設けた刑事施設又は刑事施設若しくは留置施設内の特に分界を設けた場所において、その刑を執行する。
2　本人が満20歳に達した後でも、満26歳に達するまでは、前項の規定による執行を継続することができる。
3　懲役又は禁錮の言渡しを受けた16歳に満たない少年に対しては、刑法第12条第2項又は第13条第2項の規定にかかわらず、16歳に達するまでの間、少年院において、その刑を執行することができる。この場合において、その少年には、矯正教育を授ける。

(刑の執行と保護処分)
第57条　保護処分の継続中、懲役、禁錮又は拘留の刑が確定したときは、先に刑を執行する。懲役、禁錮又は拘留の刑が確定してその執行前保護処分がなされたときも、同様である。

(仮釈放)
第58条　少年のとき懲役又は禁錮の言渡を受けた者については、次の期間を経過した後、仮釈放をすることができる。
一　無期刑については7年
二　第51条第2項の規定により言い渡した有期の刑については、その刑期の3分の1
三　第52条第1項又は同条第1項及び第2項の規定により言い渡した刑については、その刑の短期の3分の1
2　第51条第1項の規定により無期刑の言渡しを受けた者については、前項第1号の規定は適用しない。

(仮釈放期間の終了)
第59条　少年のとき無期刑の言渡しを受けた者が、仮釈放後、その処分を取り消されないで10年を経過したときは、刑の執行を受け終つたものとする。
2　少年のとき第51条第2項又は第52条第1項若しくは同条第1項及び第2項の規定により有期の刑の言渡しを受けた者が、仮釈放後、その処分を取り消されないで仮釈放前に刑の執行を受けた期間と同一の期間又は第51条第2項の刑期若しくは第52条第1項の長期を経過したときは、そのいずれか早い時期において、刑の執行を受け終つたものとする。

(人の資格に関する法令の適用)
第60条　少年のとき犯した罪により刑に処せられてその執行を受け終り、又は執行の免除を受けた者は、人の資格に関する法令の適用については、将来に向つて刑の言渡を受けなかつたものとみなす。
2　少年のとき犯した罪について刑に処せられた者で刑の執行猶予の言渡を受けた者は、その猶予期間中、刑の執行を受け終つたものとみなして、前項の規定を適用する。
3　前項の場合において、刑の執行猶予の言渡を取り消されたときは、人の資格に関する法令の適用については、その取り消されたとき、刑の言渡があつたものとみなす。

第4章　雑則

(記事等の掲載の禁止)
第61条　家庭裁判所の審判に付された少年又は少年のとき犯した罪により公訴を提起された者については、氏名、年齢、職業、住居、容ぼう等によりその者が当該事件の本人であることを推知することができるような記事又は写真を新聞紙その他の出版物に掲載してはならない。

さくいん

あ行

- 生きる権利 ……………………… 12
- 意見聴取制度 …………………… 46
- いじめ ………………………… 16, 22〜23
- いじめ防止対策推進法 ………… 23
- 遺族 …………………………… 46〜47

か行

- 改正公職選挙法 ……………… 11, 52
- 加害者 ………………………… 46〜47, 49
- 家庭裁判所 ………… 8, 17, 22, 26〜30, 32〜36, 39〜41, 46〜48, 52〜61
- 監禁罪 ………………………… 14
- 観護措置 ……………………… 29, 35
- 起訴 …………………………… 40〜41
- 基本的人権 …………………… 12
- 虐待 …………………………… 13, 20, 50〜51
- 凶悪犯 ………………………… 24
- 供述調書 ……………………… 49
- 行政法 ………………………… 7
- 禁錮 …………………… 15, 42, 45, 55〜56, 61
- 虞犯少年 ……………………… 17, 19
- 警察 ………… 8, 17, 19, 23〜24, 26, 54
- 刑事責任 ……………………… 10, 17, 45
- 刑事訴訟法 …………… 7, 54〜55, 58, 60
- 刑罰 …………… 6〜7, 9〜10, 14〜15, 27, 33, 40〜43, 45, 52, 54, 56〜57
- 刑法 ……………… 6〜7, 10, 15, 57, 61
- 刑務作業 ……………………… 42〜43
- 検挙 …………………………… 24, 26
- 検察（検察官）………… 24, 26〜27, 33, 40〜41, 49, 56, 60

- 検察官送致（逆送）…………… 33, 45
- 原則逆送事件 ………………… 40
- 強姦罪 ………………………… 14
- 公職選挙法 …………………… 11
- 更生 …… 8〜9, 33, 36〜38, 40, 52, 58, 61
- 公訴 …………………………… 60〜61
- 強盗 …………………………… 16, 24
- 勾留 …………………………… 55, 60〜61
- 子どもの権利条約
  （児童の権利に関する条約）………… 12, 20

さ行

- 罪刑法定主義 ………………… 15
- 裁判 ………………… 8, 40, 42, 52〜53, 55
- 裁判員 ………………………… 41
- 裁判員裁判 …………………… 41
- 裁判官 ………… 6, 26〜28, 30〜33, 35〜36, 39〜41, 47, 54〜56, 59〜60
- 裁判所 …………… 8, 26, 40, 53〜61
- 殺人 …………………………… 15, 24, 47
- 殺人罪 ………………………… 14
- 参加する権利 ………………… 12〜13
- 死刑 …………………… 15, 41, 45, 55〜56, 61
- 児童 …………………………… 10, 12
- 児童虐待 ……………………… 50〜51
- 児童虐待の防止等に関する法律 ………… 51
- 児童自立支援施設 ………… 27, 33, 36〜37
- 児童相談所 …… 23, 50〜51, 53〜54, 56, 58
- 自由刑 ………………………… 15
- 就労支援 ……………………… 39
- 傷害 …………………………… 15, 47, 56

傷害罪 …………………………………… 14
少年院 ………………… 27, 33, 36～40,
　　　　　　42～45, 47, 56～58, 61
少年院送致 ……………………… 37, 52
少年鑑別所 …………… 27, 29, 33～35,
　　　　　　　　　　 54～56, 58, 61
少年警察活動規則 ………………… 17
少年刑務所 ………………… 27, 42～43
少年受刑者 ……………………………… 42
少年審判手続き ……………………… 46
少年法 …………… 2, 4, 6～11, 16, 21, 26,
　　　　　　40, 44～46, 48～50, 52～53
書記官 ………………………… 29, 32, 41
触法少年 ……………………… 17～18
女子刑務所 ……………………………… 43
審判（少年審判） ……… 8, 18～19, 22,
　　　　27～29, 31～33, 46～47, 52～61
審判不開始 ………………………………… 31
成人 …………………………………… 11
成人受刑者 ………………………… 42～43
生命刑 …………………………………… 15
窃盗 ……………………………………… 15
選挙権 ……………………………… 11, 52
全件送致主義 ……………………………… 26
育つ権利 ……………… 12～13, 20, 23

た行

地方裁判所 ……… 26～27, 33, 40～41, 56
懲役 ………… 15, 42～43, 45, 55～56, 61
調査官 …… 28, 30～32, 34, 46, 53～55, 57
付添人 ……………………… 29, 32, 54～60

な行

日本国憲法（憲法） ……………… 6, 7, 59

は行

犯罪少年 ……………………… 17, 48, 52
犯罪被害者（被害者） …………… 46～47
非行 ………………… 17, 20, 26～35, 37,
　　　　　　　　40, 44, 51, 56～57
非行少年 ……………………… 12, 16～20,
　　　　　　22～24, 26～28, 30, 32,
　　　　35～36, 38, 40, 44, 49～50, 52
不処分 ……………………………… 27, 33
不良行為少年 ……………………………… 17
弁護士（弁護人） ……… 29, 32, 41, 53～60
放火罪 ……………………………………… 14
傍聴 ……………………………… 47, 56～57
保護観察 ………………… 27, 33, 36, 52, 57
保護処分 ………………… 27, 33, 36, 40～42,
　　　　　　　　47, 52～53, 57～61
補導 ………………………… 17, 19, 57～58

ま行

守られる権利 ……………… 12～13, 20
万引き …………………………………… 21
未成年者 ……………………………… 10～11
民法 ………………………………………… 7, 10

や行

誘拐罪 …………………………………… 14
有期刑 …………………………………… 45
有罪 ……………………………………… 42, 58

監修者　**後藤弘子**　ごとう・ひろこ
慶應義塾大学大学院法学研究科博士課程修了。立教大学法学部助手、東京富士大学経営学部助教授などを経て、2004年より千葉大学大学院専門法務研究科教授。日本犯罪社会学会理事、千葉家庭裁判所委員会委員、東京少年鑑別所視察委員会委員などを務める。おもな著書に『法のなかの子どもたち（岩波ブックレットNo.461）』（岩波書店）、編著書に『犯罪被害者と少年法』（明石書店）などがある。

文　**河野浩一**　かわの・こういち

イラスト　小川真二郎

編集・デザイン　ジーグレイプ株式会社

取材協力　法務省（矯正局）

参考文献　『法のなかの子どもたち（岩波ブックレットNo.461）』後藤弘子（岩波書店）

よくわかる少年法
罪を犯したらどうなるの？

2016年1月5日　第1版第1刷発行

監修者　後藤弘子
発行者　山崎　至
発行所　株式会社PHP研究所
　　　　東京本部　〒135-8137　江東区豊洲5-6-52
　　　　　児童書局 出版部　☎ 03-3520-9635（編集）
　　　　　　　　　普及部　☎ 03-3520-9634（販売）
　　　　京都本部　〒601-8411　京都市南区西九条北ノ内町11
　　　　PHP INTERFACE　http://www.php.co.jp/
印刷所　共同印刷株式会社
製本所　東京美術紙工協業組合

©g.Grape Co.,Ltd. 2016 Printed in Japan　　ISBN978-4-569-78518-9
※本書の無断複製（コピー・スキャン・デジタル化等）は著作権法で認められた場合を除き、禁じられています。また、本書を代行業者等に依頼してスキャンやデジタル化することは、いかなる場合でも認められておりません。
※落丁・乱丁本の場合は弊社制作管理部（☎03-3520-9626）へご連絡下さい。送料弊社負担にてお取り替えいたします。
63P 29cm NDC327